KB037448

젠더 쫌 아는 10대

너, 나, 우리를 위한 젠더 감수성 이야기

사회
쫌 아는
십 대
16

젠더
쫌+아는
10대

정수임 글 | 윌시 그림

풀빛

오늘부터 조금씩
젠더를 알아갑니다

안녕! 만나서 반가워. 이 책을 펼친 여러 이유들이 있겠지만, 아마도 네가 살고 있는 세상을 알고 싶다는 마음과 연결되어 있을 것 같아. 그 이야기를 하기 위해 질문 하나를 해 볼게.

"아기는 어떻게 태어나지?"

질문에 대한 너의 반응을 나름대로 예상해 보자면, "네? 뭐라고요?"라며 놀라는 반문형, "아, 그게 말이죠" 하면서 진지하게 답에 응하는 다큐멘터리형, "그런 건 몰라도 된대요"라는 회피형이 있을 것 같아. 물론 그 밖의 다른 반응들도 있을 수 있겠

지. 하지만 잘 기억해 봐. 네가 대여섯 살 즈음에 얼마나 자주, 또 얼마나 많은 어른들에게 이 질문을 했었는지 말이야. 너와 친구들, 그리고 수많은 사람들의 출생에 얽힌 비밀을 얼마나 알고 싶어 했는지도 말이야.

하지만 그 시절, 명쾌한 설명을 들은 친구들은 많지 않을 거야. 아마도 대부분의 부모님들께서는 '아기집이 있는데…'로 시작하거나 '아기씨가 만나서…' 등의 말로 이야기해 주지 않으셨을까 싶어. 뭐, 그 설명이 아주 틀린 건 아니지만, 네가 궁금한 건 그게 아니라 '그러니까 도대체 아기씨와 아기집이 어떻게 만나요?'이지 않았을까 싶어.

그럼 '이 책은 바로 그 궁금증을 해결해 주는 책인가?' 하는 생각이 들겠지만, 안타깝게도 그건 아니야. 이 책은 생명 탄생의 신비를 궁금해 했던 '나'라는 존재가 얼마나 다양하고 다를 수 있는지, 그리고 그 다양성에 대한 질문과 신비가 이 세상을 이해하는 필수 질문이었다는 것을 이야기할 예정이야. '젠더'는 바로 이 질문을 이해하는 열쇠가 되어 줄 거고 말이야.

그럼 이때쯤 호기심이 많은 친구들은 이런 생각을 할 거야.

'젠더? 그게 뭐지?'

그래, 맞아! 바로 이런 질문이 세상을 이해해 나가는 방법이야. 그럼 우리가 품었던 궁금한 마음을 잊지 말고 계속 이야기해 보자.

우리는 태어날 때부터 '성별'이라 불리는 차이를 가지고 있어. 별거 아니지? 그런데 이 별거 아닌 게 때론 별것인 경우가 될 때가 있어. 그래서 우리는 지금부터 이 '별것 아닌 것'의 역사도 살펴보고, '별것 아닌 것'이 만들어 낸 갈등도 살펴보려고 해. 그리고 지금 우리가 살아가는 세상에서 '별것 아닌 것'의 차이를 줄이기 위한 노력이 왜 필요한지도 살펴볼 거야.

어쩌면 "아, 벌써 재미없어!" 하며 책을 덮고 싶은 마음이 생긴 친구들이 있을지도 모르겠어. 하지만 포기하지 말아줘. 확신하건대 이 이야기는 정말 재미있을 거야. 이 이야기말로 너와 나의 이야기이고, 네가 사랑하는 사람들에 관한 이야기니까!

차례

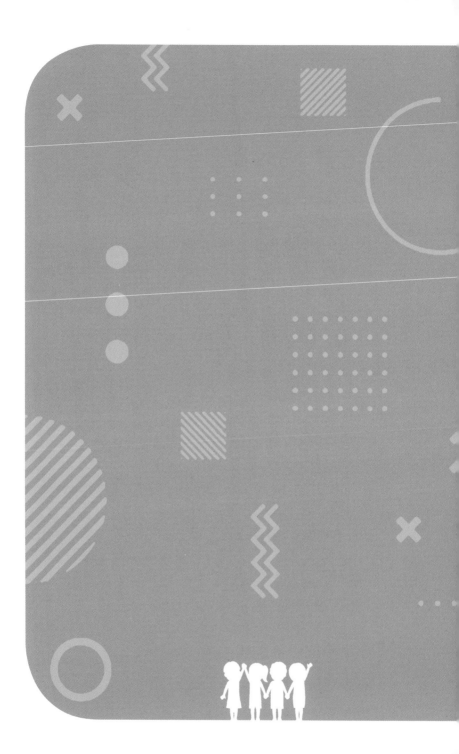

1장

정상과 비정상이 아닌,
페미니즘

정상과
비정상

◈ ············ **외계인의 시선으로 우리를 본다면** ············ ◇

SF 작가 테리 비슨의 소설 《They're made out of meat(개들은 고깃덩어리래)》에서 가장 인상적인 문구를 뽑으라면 "개들은 고깃덩어리래"와 "너무 심하잖아"가 아닐까 해.

우선 "개들은 고깃덩어리래"라는 말은 정찰선을 보낸 외계인들이 지구인들을 샅샅이 검사하고 나서 놀라움에 한 말이야. 외계인들이 더욱 놀란 건 몸뿐 아니라 뇌마저도 고깃덩어리인

지구인들이 기계를 만들어 전파를 보내고 노래를 부른다는 점 때문이었어. 이 믿을 수 없는 사실에 놀란 외계인들이 내뱉은 말이 "너무 심하잖아!"야.

어쩐지 여기까지 듣고 보니 슬슬 기분이 나빠진다고? "인간을 두고 고깃덩어리라고 한 것도 자존심이 상하는데 뭐, 뭐가 어쨌다고?" 하면서 소리라도 지르고 싶을 거야. 자, 자, 진정해. 아직 끝이 아니야. 숨을 크게 쉬라고. 어차피 책을 탈탈 털어 읽어도 이들 외계인의 정체는 알 수 없어. 이들에겐 우주의 모든 생명체와 아무런 편견과 공포 없이 접촉하고 기록해야 하는 임무가 있다는 것밖에 나오지 않거든. 그런데 말이야, 이 외계인들은 자신들의 임무를 저버리고 편견을 가진 채 지구인들을 보고 기겁했고, 지구인에 대한 기록을 모두 지워 버리기로 결정해. "너라면 정말 고깃덩어리들과 접촉하고 싶겠어?"라는 말을 남기면서 말이야.

이쯤 되면 "헐, 정말 심한 건 너희들이거든"이라는 말이 저절로 튀어나오고, 정체 모를 외계인들이 무슨 기준으로 자신들의 임무를 저버릴 만큼 지구인들의 생김새를 평가 절하하고 기겁하는지 어이가 없어서 머리가 절레절레 저어질 거야. 하지만 외계인들에 대해 우리는 조금 더 인내심을 가지고 생각해 보기로 해.

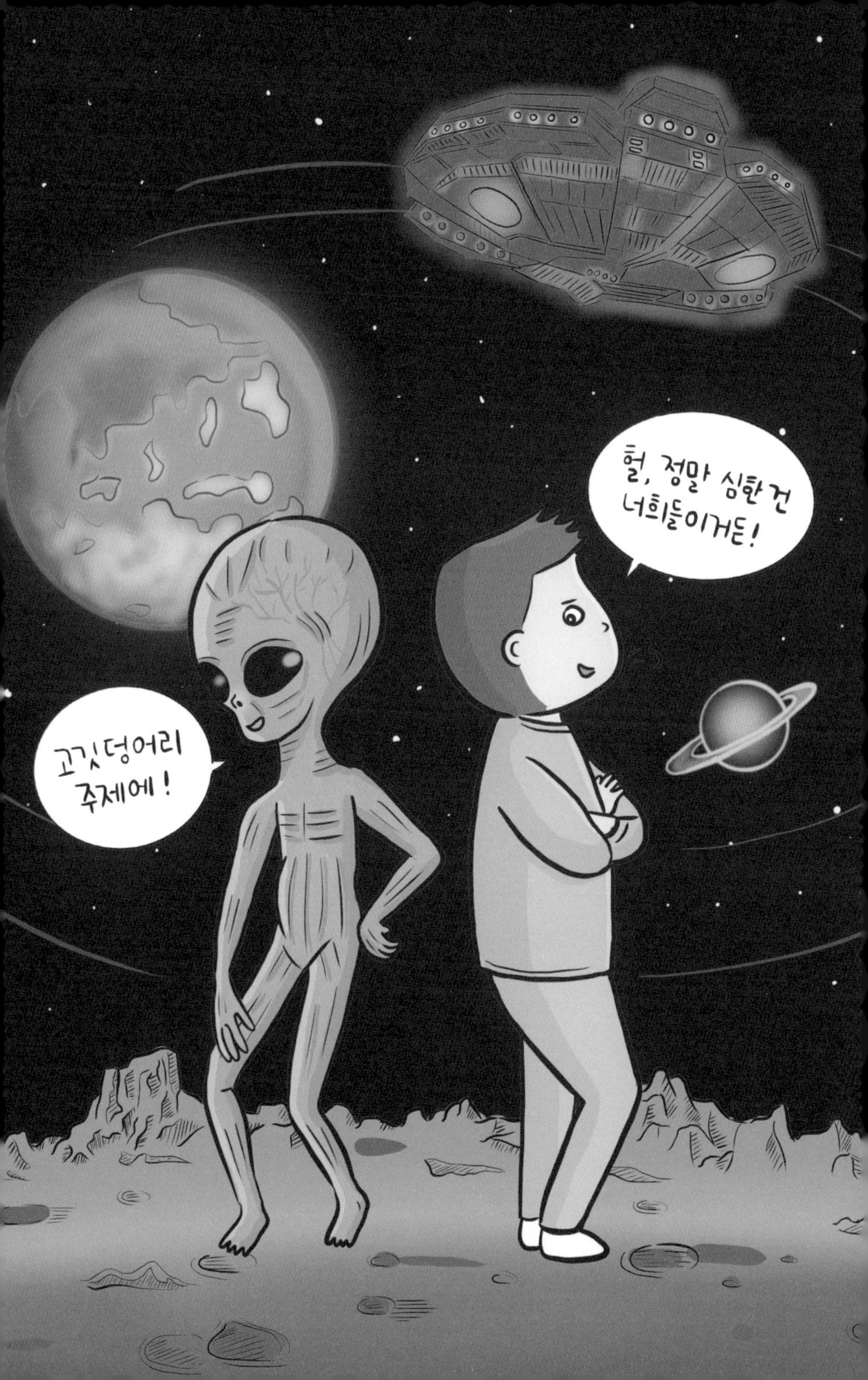
헐, 정말 심한 건 너희들이거든!
고깃덩어리 주제에!

외계인(外界人)은 말 그대로 세계 밖의 사람이란 뜻을 가지고 있어. 만약 '외계인'이라는 말에 〈스타워즈〉의 츄바카나 〈가디언즈 오브 갤럭시〉의 그루트처럼 인간과 생김새가 다른 지구 밖의 생명체를 떠올렸다면, 이때의 '세계'는 '지구'가 되고, 외계는 지구를 제외한 모든 우주가 되겠지.

하지만 이 '외계'는 지구를 떠나지 않고도 얼마든지 만날수 있어. 조금만 생각을 해 보면 지구 안에도 소속, 취미, 나이, 성별, 피부색, 학력 등에 따라 수많은 '다른 세계'가 존재해. 자신이 속한 '우리'라는 세계 이외는 모두 '외계'가 될 수 있는 거지. 그러니까 외계는 어디에나, 언제든지 존재하는 세계인 셈이고, 누구든 외계인이 될 수 있어.

그렇다고 모든 외계인들이 소설처럼 상대를 경멸하고 무시하진 않을 거야(라고 믿고 싶어). 하지만 과거 유럽의 식민 정책이나 2차 세계대전의 유대인 학살, 지금도 진행 중인 종교 전쟁이나 내전 등을 생각하면 '지구인들을 고깃덩어리라 부르며 경멸하고 기겁하는 외계인들의 모습이 어쩌면 현재 우리의 모습은 아닌가?' 돌아보게 돼. '우리'와 '다른 세계'를 나누어 구분하고, 나와 조금만 달라도 '이상한 것' 또는 '정상이 아닌 것'으로 여기는 모습 말이야.

하지만 여기서 중요한 사실 하나가 더 남아 있어. 나와 다르다고
다 무시할 수 있는 건 아니라는 거야!

유럽이 한창 식민 정책을 펼치며 아프리카, 아시아, 아메리
카 대륙을 휩쓸고 다닐 때를 생각해 봐. 유럽인의 입장에서 원주
민이 낯설기도 했겠지만, 그 반대로 원주민들도 유럽인들이 낯
설었을 거야. 하지만 터를 잡고 살던 원주민들은 유럽인들에게
사고 팔리는 물건처럼 취급되었어. 유럽인들은 원주민을 '잡아

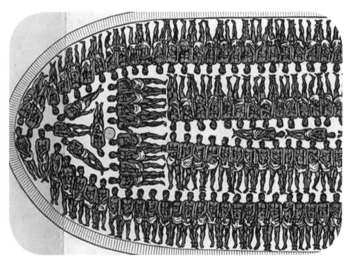

| 아프리카인들을 화물처럼 겹겹이 쌓은 유럽 선박의 모습(출처: 위키미디어 커먼스) |

다가' 물건처럼 쌓아 배에 싣고 유럽으로 팔아넘겼지.

어떻게 이런 일이 가능했다고 생각해? 그건 바로 힘의 균형이 맞지 않았기 때문이야. 잘 알다시피 원주민들에게는 유럽인의 무기에 맞서 싸울 마땅한 것이 없었으니까. 테리 비슨의 소설에서 외계인들이 지구인을 무시할 수 있었던 것 역시 지구인들은 '다른 행성에서는 살 수 없는 구조고, 수명도 짧은 데다 C형 우주로밖에 다닐 수 없는 신체적 한계와 그로 인해 광속 이상으로의 여행이 불가능하다'는 이유가 있었어. 다시 말해, 외계인들의 입장에서 우주여행조차 불가능한 지구인들은 한없이 부족한 존재들인 거야. 무시해도 될 만큼!

우리의 세계가 다른 세계와 구분되고 갈등이 생겨난다면 그때 힘의 저울이 어느 쪽으로 더 기울어져 있는지를 생각해 봐야 해. 테리 비슨의 소설은 이렇게 힘의 균형이 맞지 않을 경우의 상황을 잘 꼬집어서 보여 주었어. 우주를 정복하겠다는 인류에게, 자신들이 우주 최강자인 줄 아는 인류에게 "너희들은 그저 '고깃덩어리'일 뿐"이라는 충격을 '쿵' 하고 안겨 주면서 말이야.

이쯤 되면 소설은 그동안 '정상'이라고 여겼던 지구인들의 모습에 물음표를 던지게 해. "어쩌면 우주에서 지구인이야말로 정상이 아닐 수도 있는 거 아닐까?", "도대체 정상이라는 게 뭐지?" 하고 말이야.

표준국어대사전은 정상(正常)을 '특별한 변동이나 탈이 없이 제대로인 상태'로 정의하면서도 '제대로'의 기준이 무엇인지에 관해서는 설명하고 있지 않아. 이 '제대로'가 굉장히 중요한 말인 것 같은데 말이지. 소설 속 외계인의 입장이 '제대로'라면 지구인들은 비정상인 존재들이 되어 버리고 말아. 소설 속 상황과 다르게 우주에 지구인들처럼 생긴 존재가 더 많다면, 그리하여 보편적인 모습이었다면 그 반대도 가능했을 거야.

이렇듯 정상이나 비정상을 나누는 일 또한 '힘의 논리'에서 벗어나기 힘들다는 얘기야. 이 힘은 물리적인 것뿐 아니라 오랫동안 굳어진 생각들과도 깊게 관련되어 있어. 성별, 나이, 인종, 직업, 학력 등에 따른 기대와 편견들이지. 더군다나 이런 생각들은 오랜 시간을 거치며 때로는 법으로 제한되거나 장려되기도 하고, 관습처럼 세대를 거치며 이어지면서 자연스러운 것,

당연한 것이 되어 버리기도 했어. 그런 탓에 "아니, 난 생각이 좀 다른데!"라고 말하면 '자연스러움을 거스르는', '당연한 것조차 받아들이지 않으려'는 외계인이 되어 버리고 말지.

다른 세계들도 마찬가지겠지만 특히 '성별의 세계'에서도 정상과 비정상을 구분하려는 시도가 꾸준히 이어져 왔고, 여전히 진행 중이기도 해. 하지만 이제 막 세상을 알아가는 청소년들에게 이러한 성별 논쟁은 물음표 투성이일지 몰라. 유치원이나 학교, 집에서 "모든 사람은 평등하다"라고 배웠는데 이게 무슨 일이지 싶기도 하고, 또 누군가는 왜 배운 거랑 현실이 다를까 하면서 고민할지도 몰라.

그렇다면 머릿속 물음표들에 답하기 위해 무엇을 해야 할까? 잘 알지 못하는 일들에 대해 비난하고 차별하는 말을 내뱉기 전에 먼저 잘 알아보고 들어보고 찾아봐야 하는 거 아닐까? 지구인이 비정상일 수 없듯, 우리 사회에 비정상인 존재는 없고, 누구에게도 다른 사람의 삶을 함부로 평가할 권리는 없으니까 말이야.

◉ ② ○
나를 설명하는 말,
젠더

◉ ············· 생각보다 훨씬 어려운 '나다움' ············· ○

삶의 주인이 되어라.

나다운 삶을 살아라.

자신이 원하는 삶을 살아라.

표현은 조금씩 다르지만 내용은 거의 비슷한 이런 말들을 들어

본 적이 있을 거야. 좌절과 실패를 맛본 유명인, 삶을 조언하는

철학자, 특별하지 않을지는 몰라도 삶의 고단한 순간을 모두 지나온 이들도 비슷한 이야기를 해. 그만큼 자기 삶의 주인으로 살아가는 일이 중요하기 때문이겠지.

하지만 정작 삶의 주인으로 살아가는 일은 많은 용기를 필요로 하면서 고단하고 힘든 일이 될 수도 있어. "그게 뭐가 힘들어요? 내가 하고 싶은 대로 하면서 살아가면 되는 거 아니에요?"라고 묻는 친구들이 있다면 그건 삶의 주인이 된다는 말을 잘못 이해한 거야.

삶의 주인으로 산다는 것은 하고 싶은 대로 사는 것도, 막무가내로 떼를 쓰며 사는 삶도 아니야. 자신이 누구인지 알고, 자신의 정체성을 잃지 않으며 사는 것을 뜻해. '내가 누구'인지 아는 것, 그게 바로 자기 삶의 주인이 되는 첫걸음인 셈이지.

잘 알고 있겠지만 '나'라는 존재를 아는 일은 무척 어렵고 복잡한 일이야. 덤불이 가득한 숲의 한가운데를 향해 나아가는 것이라고나 할까? 숲의 한가운데로 가기 위해 얽히고설킨 덤불들을 헤쳐나가듯, 우리는 자신을 알기 위해 숱한 사람들과의 관계와 스스로 뿌리 내리고 있는 사회 속을 헤쳐나가야 해.

겉으로 드러나 설명이 가능한 '나'는 아마도 학생이거나 아니거나, 딸이거나 아들, 혹은 오빠거나 누나, 동생이거나 언니, 손녀이거나 손자, 친구이거나 원수(?)일 수 있지. 물론 이건 겉으로 드러난 아주 일부의 '나'야.

겉으로 드러나지 않아 설명하기 어려운 '나'는 찍먹을 좋아하지만 부먹이 좋다는 분위기에 동조하거나, 사람으로 가득 찬 버스에서 빈자리를 발견하면 머리가 희끗한 어르신을 못 본 척할 수 있고, 아무도 보지 않나 싶으면 쓰레기를 땅에 버리고 갈지도 몰라. 반대로 다리가 부러질 것처럼 힘든 날에도 누군가를 위해 자리를 양보할 줄 알고, 보는 사람이 없더라도 계단에 버려진 쓰레기를 주울 수도 있어. 그런 자신의 모습 때문에 '혹시 내가 다중인격인가?' 하고 스스로를 의심해 볼지도 모르겠다.

이처럼 나는 어디에나 있지만 어디에서나 같은 모습은 아니고, 어떤 모습이든 '나'를 설명할 수 있는 일부분일 뿐이야. 그런데 사람들은(우리 자신을 포함해서) 이 일부의 모습이 마치 나의 전부인 것처럼 알고 있거나, 혹은 당연히 어떨 것(어떠할 것)이라는 생각을 가지고 있어. 사람은 누구나 '학생이라면, 학생이 아

나다움은 뭘까..?
나를 설명하는 것들은 많지만
모두 나의 일부분일 뿐..
남자
학생
맏이(첫째)
아들
키 171cm
몸무게 68kg
석차 세자리
MBTI INTP
B형
조카
가수 지망생
천주교인
친구
빵집 아들
행복동 주민
견주
체육부장
치킨마니아
손주
수학 포기자
청소년
근육맨
오빠
서울 사람
영화광

니라면, 친구라면, 딸이라면, 아들이라면, 엄마라면, 아빠라면…'과 같은 수많은 '~라면'들을 가지고 있어. 그리고 이 라면들 중의 대표 라면은 '남자라면'과 '여자라면'이 아닐까 해. 생물학적으로 다른 특성을 가지고 태어난 인간을 나누면서 생겨난 '라면'들이야.

그럼 세상에 태어나 '남자라면, 여자라면' 어떻게 살아야 하는가에 대해 정답이 있을까? 아마도 모두 '정답이 없다'라고 생각했을 거 같은데, 맞니? 너희가 생각한 것처럼 '정답이 없다'가 정답이 되어야 하지만, 세상은 오랫동안 그렇지 못했어. '여자라서 혹은 남자라서' 할 수 있는 일이 있었고 할 수 없는 일도 있었지. 대표적인 예로 여성은 교육에서 남성과 동등하지 못했어.

이런 이야기를 하면, 하도 많이 들어서 "아아, 알겠다고요. 예전엔 그랬지만 지금은 아니잖아요! 우리 반에 공부 잘하는 여자애들이 얼마나 많은데요. 이제 옛날 이야기는 그만 좀 하세요"라고 말하는 목소리가 어디선가 들려올 것만 같아. 하지만 젠더를 이야기하려면 어쩔 수 없이 '또!' 그 오래전 이야기를 해야만 할 것 같아.

다른 나라를 볼 것도 없이 시대를 대표하는 우리나라의 공식적인 교육 기관 이야기부터 시작해 보자. 다음 문제를 잘 읽고 대답해 줘.

Q: 신라, 고구려, 조선 시대의 대표적인 교육 기관은?

정답! 정답! 외치는 소리가 들리는데! 그래, '신라의 화랑, 고려의 국자감, 조선의 성균관'이 정답이야. 이들은 모두 각 시대를 대표하는 공식적인 교육 기관이라고 우리는 학교에서 배웠어. 그럼 이 교육 기관엔 누가 다닐 수 있었을까? 그래, 남성들이야. 대부분은 귀족(양반)들이 다녔지만 화랑의 경우에는 신분의 제한이 없었다고 해.

그렇다면 여성의 교육은 어떻게 이루어졌을까? 신체를 단련하고 경서를 논하며 정치와 국가를 배우던 남성들과 달리 여성의 교육은 오랫동안 비공식적인 방법으로 이루어졌어. 특히 고려 말을 지나면서 유교 사상이 조선의 근간을 이루는 사상이 되자 '여유사행(女有四行)'이라 하여 여성이 가져야 할 네 가지

덕목이 강조되었고, 이것은 부덕(婦德)·부언(婦言)·부용(婦容)·부공(婦功)으로 요약될 수 있어.

'여유사행(女有四行)', 말 그대로 '여자가 가져야 할 네 가지 행실'은 부녀자들이 읽을 교양서가 없었던 것을 안타까워했던 소혜왕후가 중국의 《열녀전》, 《소학(小學)》, 《여교(女敎)》, 《명감(明鑑)》에서 내용을 발췌해 만든 《내훈(內訓)》(1475)에서 살펴볼 수 있어. 우리나라뿐 아니라 중국인들의 생각도 엿볼 수 있는 대목이니 함께 살펴보도록 하자.

부덕은 몸가짐을 바르게 하고, 부언은 나쁜 말과 남이 싫어할 만한 말을 하지 않고, 부용은 얼굴을 꾸미기보다 몸과 얼굴을 깨끗하게 하고 옷 가짐을 깔끔하게 하는 것, 부공은 술과 밥을 잘 만들어 손님을 잘 대접하는 것을 의미해.

여성이 갖추어야 할 덕목과 관련된 생각은 1434년 《삼강행실도》의 '열녀편', 1775년 이덕무의 《사소절》에도 그대로 나타나. 그러니까 소혜왕후의 책 이전에도, 그 이후에도 여성에 대한 생각은 크게 달라지지 않았던 셈이야. 여성은 자신의 정절을 목숨과 바꿔 지키면서 동시에 가정을 돌보고, 제사를 지내고, 자녀를 교육시키는 등 멀티플레이어가 되어야 했던 셈이지. 책의 제목마저도 《내훈》인 걸 보면 여성의 세계는 밖이 아니라 안이라고 당연하게 여겼던 것 같아.

　물론 이런 생각은 우리나라만 했던 게 아니었어. 사회계약 론으로 도덕책에서 한 번쯤 이름은 들어 보았을 장 자크 루소는 1762년에 《에밀》이라는 교육서를 출간하게 돼. 이 책은 출간 이후 당시 귀족 여성들이 육아의 바이블로 삼을 만큼 인기가 있었어. 뭐, 여전히 오늘날에도 고전이란 이름으로 읽히고 있고 말이야. '자연으로 돌아가라'로 정리될 수 있는 이 책은 이상적인 시민을 기르기 위한 교육 안내서라 할 수 있어.

　에밀은 루소의 교육 철학에 따라 성장한 책 속 가상의 주인공 이름이야. 물론 남성이고 말이야. 루소는 자연 속에서 스스로 경험하면서 알아가는 것을 중시했어. 그 결과 에밀은 탐구하고 질문하며 선과 악을 구분하는 어른으로 성장했지.

　인간을 인간답게 기르는 게 책의 내용이지만 마지막 장을 보면 '어?' 하는 생각을 떨치기가 쉽지 않아. 《에밀》의 5장 성년기(스무살에서 결혼까지)는 아내가 될 소피에 관한 이야기로, 시작 부분부터 만만치가 않아. 남자는 강하고 능동적이며 여자는 약하고 수동적이라느니, 권리나 의무에 있어 불평등하다고 불만을 제기하는 여자의 태도는 옳지 못하다는 식이거든. 성은 자연에 의해 결정된 것이므로 존중돼야 한다는 이야기 속에 남자는 여자 없이 살 수 있지만 여자는 남자 없이 살아가기 어려우므로 남자로부터 인정받는 존재가 되어야 함을 강조해. 그러기 위해 여성은 순종적이고 온순해야 했어. 또 인형이나 가지고 노는 여성은 추상적이고 사변적인 진리의 탐구를 하기에는 맞지 않고 공부보다는 실제적인 것(요리, 가사, 육아 등)을 배워야 한다고 언급하지.

이런 생각들에 딱 들어맞는 여성이 바로 소피야. 그녀는 뛰어나게 아름답지 않으며(뛰어난 용모는 남자로 하여금 아내를 지키기 위해 노심초사해야 함으로) 부자도 아니고, 귀족다운 나태함에 젖어 있지도 않고 학식이 풍부하지도 않지만, 성품은 반듯하여 현모양처가 되기에 적절한 여성이지. 하지만 에밀은 그토록 이상적인 여성을 만나 결혼했음에도 곧 소피를 떠나면서 이야기가 마무리돼.

물론 당시 모든 사람들이 루소의 이런 생각에 찬성했던 것은 아니야. 메리 울스턴크래프는《여성의 권리 옹호》에서 "여자 아이에게서 인형을 치워라"라고 응수하며 여성과 남성이 동등한 교육을 받아야 한다고 주장했어. 이보다 1년 앞선 1791년에는 올랭프 드 구주가 "제 1조 모든 여성은 자유롭고 남성과 평등한 권리를 갖고 태어난다"로 시작하는《여성과 여성 시민의

| 단두대에 오른 올랭프 드 구주(출처: 위키미디어 커먼스) |

권리 선언》을 발표하기도 했어. 교육마저 불평등한 시절에 모든 권리가 같다고 주장한 이 혁명적인 선언 때문에 그녀는 1793년 11월 3일, 단두대에 올라 처형되었지.

그녀들의 용기 있는 목소리에도 불구하고 당시 유럽 여성의 배움과 일터는 집 안으로 제한되었고, 순종적인 여성의 모습이 강조되었어. 앞에서 본 '여유사행'과 비슷하다고? 그래, 맞아! 조선이나 18세기 유럽이나 여성과 남성은 서로 다른 교육을 받았고 이런 교육이 '여성이라면', '남성이라면' 등과 같은 '~라면' 탄생의 이유 중 하나가 되었지.

'에이, 요즘 그런 라면이 어딨어요?'라고 생각한다면 그것 역시 배움의 대상과 내용이 달라졌기 때문일 거야. 하지만 달라진 '요즘의 역사'가 겨우 100년 안팎일 뿐이라는 걸 기억해 줘. 그러다 보니 과거 그 '~라면'들의 흔적은 곳곳에 남아 있고, 여전히 '~라면' 타령에서 자유롭지 못할 때가 있어. 이 자유롭지 못한 라면 타령을 기억하며 젠더를 살펴볼까?

◉ ⋯⋯⋯⋯⋯⋯⋯⋯ **나를 설명하는 말, 젠더** ⋯⋯⋯⋯⋯⋯⋯ ○

젠더(gender)는 흔히 섹스(sex)라고 하는 생물학적 성별과는 구분해서 쓰이고, '성 역할을 의미한다'라고도 해. "여성은 태어나는 것이 아니라 만들어지는 것이다"라는 유명한 구절은 바로 여성은 태어나면서 결정되는 것이 아니라, 살아가면서 만들어지는 것으로 보는 거야. 앞에서 이야기했던 것처럼 '살아가면서' 성별에 따라 어울리는 삶이 있고 그것을 배우고 당연한 것으로 여기게 된다는 거야.

타고난 성별에 따라 어떤 삶을 살아야 한다고 정의되는 것, 그것이 바로 젠더(gender)로 이어지는 개념이야. 내가 사는 아파트에는 '맘스테이션(Mom Station)'이라는 셔틀 버스 승하차장이 있어. 아이들의 안전을 위한 곳이지만 아이들의 안전이 엄마의 몫이라는 자연스러운 인식이 배어 있는 명칭이라 할 수 있지.

별거 아니라고 생각할 수 있지만 이런 일들은 우리 일상 곳곳에 당연한 듯 자리 잡고 있어. 광고, 기사, 책 그리고 일상의 대화들 속에서도 여성의 모습은 비슷비슷한 모습으로 자리 잡고 있어. 예를 들어 다이어트에 성공하고, 출산 후에도 날씬한 몸매를 유지하고, 도시락이나 요리 솜씨를 발휘하고, 명품 인증 샷을 올리는 것 등과 관련된 기사들은 대체로 여성 연예인의 이름과 함께 보도되곤 해. 일상의 대화에서 "어쩜 여자애가", "아니 무슨 여자애가", "여자애는 그러면 안 되는데"류의 말들도 낯설지 않을 거야.

"그럼 남자는요? 남자도 여자들이랑 마찬가지로 어떤 외모, 직업, 행동, 표정, 옷차림 등등이 있지 않아요?" 하고 물을 수 있어. 그래, 아주 좋은 질문이야! 그것 역시 남성이라는 젠더야. 남성이어서 할 수 없던 일들, 혹은 해야만 한다고 여겨지는 것들, 어울린다 혹은 어울리지 않는다는 것들이 모두 젠더의 개념

안에 들어갈 수 있어. 이처럼 특정 성별에 대해 기대되는 '~라면'을 젠더(gender)라고 할 수 있어.

젠더는 타인의 기대가 아니라 스스로 자신의 성별을 어떻게 인식하는가와도 관련이 있어. 그래서 젠더는 '정체성'이라는 말과 함께 사용돼. 남과 여처럼 세상이 모두 인정하는 정체성 안에 포함된 개인이라면 크게 문제가 되지 않겠지. '난 여자니까' 혹은 '난 남자니까'로 생각하면 쉬우니까. 하지만 LGBTQ처럼 스스로 생각하는 성 정체성과 성별로서의 성 정체성이 일치하지 않는 경우도 있어.

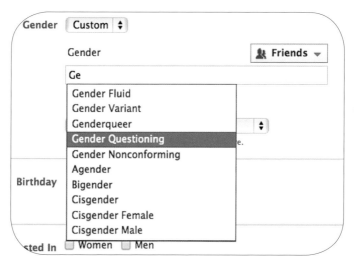

| 페이스북은 단순히 '남성' '여성'만으로 젠더를 선택하지 않아도 되게끔 50여 개의 사용자 지정 성 옵션을 추가했다. |

LGBTQ는 성소수자 중 레즈비언(Lesbian), 게이(Gay), 양성 애자(Bisexual), 트랜스젠더(Transgender), 퀴어(Queer)를 합쳐 부르는 말이야. 이 경우들 이외에도 젠더를 설명하는 말은 50개도 넘어. 실제로 페이스북의 영국 계정 가입에는 50여 개의 사용자 지정 성 옵션이 있어서 이 항목 중에서 자신의 젠더를 선택하게 되어 있어. 우리나라 계정에는 자신의 젠더를 직접 적도록 되어 있고 말이야.

◉ ·········· **남들과 다르다고 해서 잘못된 건 아니야** ·········· ○

이런 다양성에도 불구하고 '~라면 ~해야 해'라는 생각이 있다면 '나는 그렇지 않은데'가 '나는 잘못되었어'로 인식되기 쉬워. '정체성의 혼란'이라는 말은 이처럼 세상의 기준이 자신과 맞지 않음에서부터 비롯되고, 이런 생각이 드는 순간 그동안 자신이 살아온 세상은 뒤죽박죽이 되어 버리겠지. 누군가에게는 아무렇지 않은 일상 앞에서 어떻게 해야 할지를 고민해야 하는 경우도 생길 거야.

단적인 예로, 인터넷 사이트 회원 가입의 절차를 생각해 봐. 대부분 성별 선택은 '남, 여' 둘 중에 하나를 고르게 되어 있어.

물론 생물학적인 성별을 고르면 되는 거 아니냐고 생각할 수 있지만, 자신의 정체성이 남들과 다르다고 인식한 사람에게는 이것이 매우 곤란한 물음이야. 이런 상황과 마주한 이들은 이 곤란한 물음을 멈추거나, 물음의 방식을 바꾸거나, 아니면 자신을 속이거나 해야 할 거야. 그리고 어떤 선택을 하든 삶은 쉽지 않을 거야. 자신을 속이고 세상이 원하는 성 정체성을 선택한 사람들은 누구에게도 나누지 못할 고민과 괴로움을 안고 매일을 살아가게 되겠지.

그리고 세상이 바라는 선택을 거부한 사람들 역시 자신의 정체성을 지키기 위해 많은 사람들이 질서라고 믿어 왔던 것들과 싸워야 할 거야. 심지어 비난과 위협을 감수해야 할 수도 있어. 물론 이런 문제가 젠더의 영역에만 국한되는 건 아니야. 자신의 꿈이나 삶의 방향을 결정할 때도 마찬가지야. 많은 사람들이 인정한 그 길이 아닐 때 "넌 왜 그러냐?"부터 시작하는 온갖 비난의 말들을 듣기 십상이잖아?

"삶의 주인이 되어라", "나다운 삶을 살아라", "자신이 원하는 삶을 살아라"와 같은 말들은 듣기엔 좋지만 실제로 실천하기란 매우 어려워. 삶의 주인, 나다움, 자신이 원하는 삶을 위해 세상의 기준과 맞서야 하는 일들이 아주 많거든. 특히 젠더 정체성의 경우에는 그야말로 엄청난 후폭풍이 일어날 수 있는 선언이야. 그저 자기 삶의 주인으로, 나다운 삶을, 스스로 원하는 삶을 선택했을 뿐이지만 모든 사람들이 같은 마음으로 환영해 주진 않거든. 그래서 외롭고 또 고된 길을 걷는 사람들의 이야기는 곳곳에 있어. 힘들지만 포기하지 않고 자신의 삶을 살아가는 사람들도 있지만 비관으로 삶을 마감하는 사람들도 있고, 오히려 더 음지로 숨는 사람들도 있어.

◉ ············· **모두의 다양성을 이해하기 위해** ············· ○

흔히 "세상에 같은 사람은 없다"고들 하잖아? 맞아, 세상엔 정말 같은 사람은 없어. 생김새가 똑같은 쌍둥이도 생각과 취향은 전혀 다를 수 있어. 그걸 안다면 젠더의 문제도 간단하게 해결할 수 있지 않을까? 세상엔 다양한 젠더의 모습이 있는 것일 뿐이라고 말이야.

하지만 여전히 자신과 다른 존재에 대해 비난하는 경우를 어렵지 않게 볼 수 있어. 이런 비난의 근거로 '많은 사람', '보편적으로'라는 표현이 사용돼. 흔히 이 많은 사람들이 보편적으로 만들어 놓은 세계를 일컬어 '정상'이라고들 하지. 그렇다면 타

인의 삶을 부정하는 이들의 모습이 옳은 걸까? 단지 자신들이 말하는 정상과 맞지 않는 '소수의 세계를 인정하고 싶지 않은 마음'은 아닐까?

3
페미니즘이라는
언어

▣ ·························· 너, 혹시 페미야? ·························· □

'넌 누구니? 아니, 난 누구지?' 한 번쯤 이런 생각을 품어 보지만 정답이라고 할 만한 답을 찾기란 쉽지 않아. 아니, 사실 정답을 찾기란 불가능에 가까워. 심리 테스트나 MBTI 검사를 해 보는 것도 나를 이해하기 위한 노력 중 하나겠지만, 그 결과가 정답은 될 수 없어. '나'는 책상이나 의자처럼 완성품이 아니기 때문이야. 오히려 '나'는 미완의 존재에 가까워. 살아가면서 변화하고 달라질 수 있는 존재 말이야.

하지만 사람들은 자신들의 존재를 커다란 테두리 안에 넣고 '나는 누구다' 혹은 '무엇이다'로 설명하려고 해. '누구' 혹은 '무엇'은 집단이나 사회가 될 가능성이 높아. 하지만 그것만으로 자신을 설명하기엔 턱없이 부족하지. 마치 특성도 다른 나무들이 뭉쳐 있는 것을 보고 '숲' 혹은 '산'이라고 부르는 것과 마찬가지인 셈이야. 각각의 나무처럼 우리는 서로 다른 존재들이고, 이 다름을 인정하는 것이 페미니즘에 대한 이야기의 시작이 될 수 있을 거야.

우리가 서로 다름을 인정하듯 페미니즘 역시 사람마다 생각하는 의미가 다를 수 있어. 흔히들 인용하는 "백 명의 페미니스트가 있다면 백 개의 페미니즘이 있다"라는 말처럼 페미니즘은 사람에 따라 이해하는 바도, 실천하는 방식도 다를 수 있지.

그런데 요즘 "너, 페미야?"라는 질문으로 페미니즘의 의미를 한정해 버리곤 해. 질문의 의도와 상관없이 이 말에는 페미니즘이 정의될 수 있는 하나의 개념이라는 생각이 깔려 있어. 하지만 다양한 사람이 존재하듯 페미니즘 역시 다양한 방식으로 존재하고, 우리가 사는 사회와도 연관되어 있다는 걸 기억해 주었으면 해.

쉽게 생각할 수 있는 성희롱, 성폭력과 같은 범죄 외에도 가사, 출산, 양육, 취업, 승진, 영화, 광고 등 가정과 직장, 미디어까지 거의 모든 면을 페미니즘의 관점에서 바라볼 수 있어. '여성의'를 의미하는 페미닌(feminine)이 '사상'을 의미하는 '이즘(ism)'과 결합된 페미니즘(feminism)은 여성의 관점으로 세상을 볼 때 당연하지 않은 것들을 이야기하는 것이기 때문이야. 이 당연하지 않은 것들은 삶 속에서 불편함으로, 수치스러움으로, 폭력으로 다가와.

사실 이런 감정들은 여성이라서가 아니라 인간이기에 느끼는 감정들이야. 하지만 여성이라는 이유로 불편하고 수치스러운 상황을 말하지 못하고 폭력에 저항하지 못한다면 이 상황을 설명해 줄 언어가 필요하지 않을까? 페미니즘은 이렇게 여성의 개별적인 경험이 누구나 경험할 수 있는 일상적인 차별이 될 때 문제를 제기하고 변화시키려는 언어라고 할 수 있어.

◨ ················· **다양성을 인정하는 페미니즘** ················· ◻

하지만 페미니즘이 여성의 문제에만 관심을 가지고 있는 것은 아니야. 우리나라 헌법은 "누구든지 성별·종교 또는 사회적 신분에 의하여 정치적·경제적·사회적·문화적 생활의 모든 영역에 있어서 차별을 받지 아니한다"고 규정해. 그리고 이 규정에 따라 2020년 6월, 국회에 차별금지법이 상정되었어. 성별이나 장애, 나이, 언어 등 다양한 이유로 정치적·경제적·사회적·문화적 생활의 모든 영역에 대한 차별을 금지해야 한다는 주장이 바로 차별금지법이야.

누가 봐도 이상할 것 없는 법안이라고 생각되지만 이 법안은 2022년 8월 현재, 국회를 통과하지 못하고 있어. 특히 성적 지향, 성별 정체성과 관련해서는 입장의 차이가 첨예한 편이야. 앞에서 살펴본 젠더 정체성의 다양성을 인정하기 어려운 사회를 보며 "페미니즘이란 성차별주의와 그에 근거한 착취와 억압을 끝내려는 운동이다"라는 벨 훅스의 말을 떠올리게 해. 우리 사회가 여전히 남아 있는 성차별주의를 느끼게 하거든.

정체성이 나와 다르다고 해서, 그 목소리가 적다고 해서 무시하거나 혐오의 대상으로 여기는 사회에 반대하는 것도 페미니즘의 목소리야.

어떤 친구들은 페미니즘이 여성의 우월을 강조하는 것이라고 생각하기도 해. 아니, 그렇지 않아. 페미니즘이야말로 다양한 성, 다양한 정체성을 지지해. 왜냐고? 세상에 태어난 생명체가 그 생명의 존엄함을 인정받지 못하는 일에 반대하는 것이기 때문이야. 우리는 모두 다 소중한 존재야. 우리가 평등한 권리를 누리고 찾으며 살아가야 할 이유에 '나 자신의 소중함' 이외에 무슨 이유가 더 필요하겠어?

▣ ·········· 별거 아닌 페미니즘이 되는 날이 오기를 ·········· □

부캐(부캐릭터)는 온라인 게임에서 본래 사용하던 계정이나 캐릭터 외에 새롭게 만든 캐릭터를 줄여 부르는 말이야. 요즘은 게임을 하지 않더라도 대부분 다 아는 일상의 말이 되었어. 더군다나 일상 속의 부캐는 '평소의 나의 모습이 아닌 새로운 모습이나 캐릭터로 행동할 때'를 가리키는 말이 되었지. 익숙한 부캐로는 TV 예능 프로그램과 유튜브 등에 등장한 유산슬, 김다비, 카피추, 펭수, 도티 등이 있어.

가상과 현실을 자유롭게 오가는 평범한 우리도 쉽게 부캐를 만들 수 있는 요즘이야. 게다가 부캐는 현실에서보다 자유롭고 다채로운 모습으로 표현할 수 있어. 로블록스나 제페토처럼 가상의 세상을 세우는 플랫폼이나 유튜브, 인스타그램, 페이스북처럼 다양한 정보를 마주하고 배울 수 있는 공간도 과거와 다

르게 아주 많아졌잖아?

　이런 부캐들은 자신의 다양한 정체성을 드러내는 방법이 될 수 있어. 메타버스 속에서 새로운 세상을 건설할 때 성별, 나이, 학력, 인종, 외모는 크게 중요하지 않고, 다양한 공간을 통해 접한 다채로운 정체성은 남들과 다른 자신을 설명하고 표현할 말들을 찾게 해 줄 테니 말이야. 어쩌면 이미 도래한 부캐의 시대는 세상을 동전의 앞뒤, 흑과 백처럼 나누려는 오랜 습관의 시대가 막을 내리고 있다고 말하는 건 아닐까 싶어. 이것 아니면 저것이 아니라, 이것이 아니면 다른 것이 되면 된다는 생각을 가진 새로운 세대가 출현한 거라고 말이야.

　다양한 부캐를 가진 새로운 세대에게 "넌 누구니?"라는 질문은 "저요? 저는 그냥 난데요!"라는 대답이 가장 자연스러운 답일지도 몰라. '나'는 어디에 속하거나 하나로 규정되기 힘든, 그리고 어떤 것으로도 대체될 수 없는 존재니까 말이야. 이런 다양함이 당연해지는 백 년 후엔 "페미니즘이 뭐예요? 뭐, 그런 당연한 것들을 가지고 난리였대요?"라고 말하는 날이 올지 누가 알아?

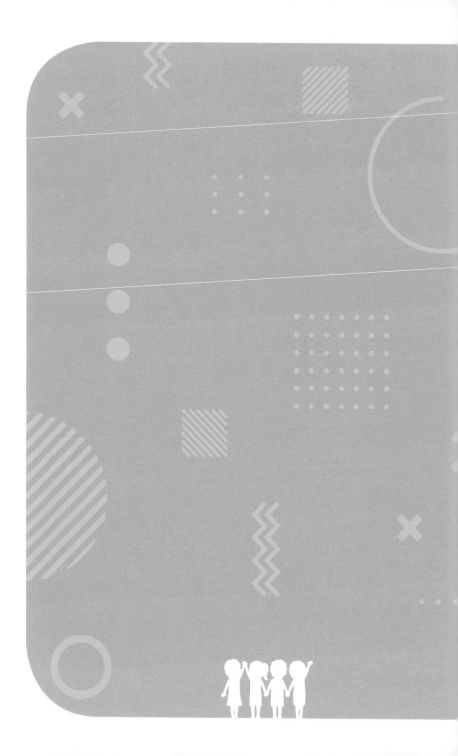

2장

이상한 것에서
자연스러운 것으로

1

월경은 왜
숨겨야 했을까?

월경은 자궁을 가진 사람이 평균 5일 동안, 28일 간격으로 4~500회 반복하는 생리 현상이야. 눈물이나 땀처럼 월경 역시 자연스러운 현상이지만 사람들은 "그날이 왔어", "마법에 걸렸어"와 같은 말로 월경을 에둘러 표현하기도 해.

　이런 표현은 우리나라뿐 아니라 다양한 나라에서도 찾을 수 있어. 독일에서는 "딸기 주간이야", 프랑스에서는 "영국군이

상륙했어", 미국에서는 "플로 이모가 찾아왔어" 등으로 표현해. 그 밖에 네덜란드, 대만, 멕시코, 중국, 일본 등 다양한 나라들에 서도 이런 모습은 어렵지 않게 찾을 수 있어.

월경보다 흔히 쓰이는 말인 '생리' 역시 월경을 생물학적 기능과 작용이라는 것으로 에둘러 표현하기 위해 사용된 말이 야. 앞으로는 우리 몸의 당당한 현상인 월경을 '월경'이라는 이 름으로 불러 보기로 해. 월경의 한자는 月(달, 월) 經(지날, 경)이 고, 우리말로는 달거리야. 영어로는 menstruation이라고 하

는데, 이 말의 어원인 라틴어는 달을 뜻하는 mensis이야. 여러 나라에서 월경은 '매달 일어나는 일'이라는 의미로 사용되고 있는 거지.

억울한 월경의 역사

매달 일어나는 자연스러운 현상이면서 인류의 탄생과 번영에도 밀접한 관련이 있지만 월경은 비밀스러운 것을 넘어 더럽고 악한 것으로 취급받기도 했었어. 과거의 사람들이 인간 탄생의 비밀을 알 리 없었다고 하더라도 월경의 입장에서는 억울하기 그지없는 노릇이지.

오늘날로 치자면《브리태니커 백과사전》쯤 될 37권으로 된《박물지》라는 책은 천문학, 수학, 지리학을 포함에 인류학, 인간 생리학, 동물학, 식물학 등 아주 광범위한 분야를 정리한 책이야. 무려 고대 로마 시대를 살았던 플리니우스가 쓴 방대한 분량의 이 책에도 월경혈에 대한 이야기가 있어. 사람의 몸에서 반복적으로 나타나는 현상이니 관찰하기 쉬웠을 테지만 이 월경혈을 두고 한 표현은 눈썹을 찡그리게 해. 월경혈이 "포도주를 상하게 하고, 철을 무뎌지게 만들며, 개를 미치게 한다"고 되

어 있거든. 심지어 "씨앗의 생식력을 빼앗고, 벌레를 죽이며, 정
원의 꽃과 잔디를 단숨에 없애 버리고, 과일이 가지에 붙어 있
지 못하게 만든다"고까지 했으니 눈썹 찡긋으로는 해결되지 않
을 수도 있겠다.

　이런 기록이 버젓이 있는 걸 보면 아마도 당시의 사람들은
월경혈이 무엇인가를 죽이거나 오염시키는 위험한 것이라고
생각했나 봐. 만약 남성이었던 플리니우스가 월경을 했다면 어
떻게 적었을지 무척 궁금해지는 것과 별개로, 고대 로마의 사람
들이 잘 몰라서 그랬으려니 하고 싶은데, 안타깝게도 이런 생각
은 다양한 문화들에서도 발견되고 심지어 오늘날까지고 이어
지고 있어.

　네팔에는 차우파디라고 부르는 오래된 전통이 있어. 차우
파디는 힌두교 사상에 따라 월경 중인 여성이 음식과 종교적 상
징물, 소, 남자와 접촉하는 것을 금지하고 집 밖 외양간이나 창
고 등에서 자게 하는 풍습이야. 단지, 월경을 한다는 이유로 집
에서 쫓겨나야 하는 거지. 평균 5일 동안 일 년에 열두 번 월경
을 한다고 계산하면, 일 년 중에 꼬박 두 달 가량을 집 밖에서 보
내야 하는 셈이야.

　그렇다고 쫓겨나 지내는 곳이 편안하고 안전하지도 않았어.

밖에서 지내는 동안 추위와 배고픔을 견뎌야 했고 오히려 그곳에서 성폭력 피해를 당하기도 했대. 네팔은 2005년에 차우파디를 법으로 금지했지만 2019년에도 파르바티 부다 라와트(21세)라는 여성이 차우파디 풍습 때문에 숨진 채 발견됐어. 오두막에서 추위를 이겨 보려고 피운 불 때문에 연기에 질식해서 숨진 거였지.

그 밖에도 알래스카의 콜로쉬인들은 초경하는 소녀를 일 년 동안 꼬박 오두막에서 혼자 지내게 하고, 호주의 몇몇 선주

민들은 초경하는 소녀가 다른 이들에게 끼칠 위험을 줄이기 위해 소녀들을 모래에 묻어 버리기도 했다고 하니 월경혈을 부정한 것, 위험한 것으로 인식한 역사와 전통이 얼마나 오래되고 뿌리 깊은 것인지 쉽게 알 수 있어.

　어쩌면 "뭐, 이런 건 비과학적인 거잖아요. 사람들이 잘 몰라서 그런 거 아니겠어요?"라고 말할지도 몰라. 그런데 말이야, 1920년에 벨라 쉬크와 데이비드 마츠, 심지어 과학자였던 이들은 '월경독설물' 설을 발표해. 월경 중인 여성은 특정한 성분을 피부 밖으로 배출하는데 이것이 식물을 죽이기도 하고 빵이나 도우, 맥주가 발효되지 못하게 만든다고 주장했다니 월경혈에 대한 사람들의 인식이 부정적이었던 것만은 확실해 보여. 더군다나 사랑과 포용으로 세상의 갈등을 줄이고 평화를 이끌어야 할 종교들(힌두교, 불교, 이슬람교, 기독교 할 것 없이 모두)마저도 월경혈을 위험하고 더러운 것으로 여기며, 이 기간 동안에는 남성의 모습을 한 신을 마주하는 일조차 금지하고 사람들과 어울리지도 못하게 했어. 단지 월경을 한다는 이유로 말이야!

'세상에, 참 별꼴이네. 어떻게 그럴 수 있지?' 하는 생각이 든다고? 그래, 당연히 그럴 수 있어. 그렇다면 요즘은 좀 달라졌을까? "전 지금 월경(생리) 중이에요"라고 아무렇지 않게 이야기하거나, 생리대를 사거나 꺼낼 때 주변을 두리번거리지 않고, 이불에 묻은 월경혈에 대해 어젯밤 흘린 코피처럼 편하게 이야기할 수 있니?

어때? 만약 그렇지 않다면 월경을 여전히 부끄럽고 숨겨야 하는 것으로 생각되고 있는 거 아니야? 오늘날엔 월경이 우리 몸의 자연스러운 현상이라는 걸 알면서도 여전히 월경은 티 내지 않아야 하는 어떤 일로 여겨지곤 해. 마치 생리대 광고에 나오는 사람들처럼 말이야. 설마 월경 중에도 광고에서처럼 하늘거리는 하얀 원피스를 입고 환하게 미소 짓는 게 가능하다고 생각하는 건 아니겠지?

사실 우리나라 생리대 광고의 역사를 보면 처음부터 하얀 옷을 입은 여성이 등장해 깨끗함을 강조했던 건 아니었어. 우리나라에서는 1960년대 중반에 일회용 생리대가 등장했는데, 생리대의 가격이 워낙 비싸서 누구나 사서 쓸 수 있는 제품은 아니었대. 무궁화위생화장지공업사에서 나온 아네모네 내프킨이라는 생리대가 1970년대에 개당 가격이 5원 70전 정도였는데, 당시 시내버스 요금이 10원, 라면 한 개가 20원이었으니까 비교하면 무척 비싼 제품이었던 셈이야.

그러다 1971년에 유한킴벌리에서 코텍스라는 생리대가 출시되었어. 이 제품은 바지를 입은 여성이 뜀틀을 뛰듯 다리를 활짝 벌리고 다른 여성의 등을 뛰어 넘는 사진과 함께 "누가 여성을 해방 시켜 주는가?"라는 문구를 내세워 광고를 했어. 고정된 소비자들의 마음을 사기 위해 여성의 자유로움을 강조하는 광고였던 셈이야.

하지만 여성의 활동성은 이후 영진약품 소피아라는 광고 이후에 사라지게 돼. 이 제품은 "봄볕처럼 부드러운 구라파 타입의 여성 생리대"라는 문구와 함께 몸가짐이 흐트러지지 않고 품위 있는 여성의 생리대라는 점을 앞세우기 시작해. 투피스를 입은 젊은 여성이 비둘기에게 모이를 주기 위해 쪼그려 앉아 있는 모습을 전면에 내세운 사진과 함께 말이야. 이후 생리대는 '깨끗', '순수', '맑은'이라는 표현들과 함께 사용되기 시작했어.

의도야 어찌 되었든, 이런 변화는 자연스럽게 월경혈이 더럽고 냄새나며 숨겨야 하는 것이라는 생각을 심어 주기에 충분

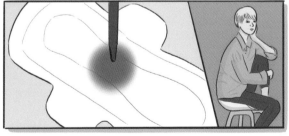

했지. 월경으로 인한 복통이나 두통, 움직일 때의 불편함 등이 전혀 느껴지지 않는 광고 모델의 모습은 월경통을 호소하는 사람들이 이상해 보이게 만들기 충분했어.

또 일회용 생리대 시장이 커지면서 당연히 신문뿐 아니라 텔레비전 광고도 등장하기 시작했지. 그런데 1980년 9월, 방송윤리위원회는 생리대의 전파 광고를 금지 시켰어. 생리대라는 것이 사람들이 보기에 불편한 제품이었던 거지. 이후 이 조치는 15년이 지난 1995년에 이르러서야 해제되었어. 드디어 생리대 광고를 전파에 실려 보낼 수 있도록 허락한 셈이야.

사람들의 정신을 쏙 빼 놓는 술은 광고하면서 필수 용품인 생리대 광고를 금지했다니 이해가 되지 않지? 하지만 이런 허락의 역사는 우리나라뿐 아니라 미국에서도 찾아볼 수 있어. 미국에서는 1919년 킴벌리-클라크가 셀루코튼을, 1921년에는 코텍스라는 생리대를 출시했어. 그런데 1972년 여성 위생용품 광고 금지가 해제되기까지 라디오나 텔레비전에서 생리대 광고를 볼 수(들을 수) 없었대. 이런 현상은 생리대를 부끄러운 것으로 보았기 때문일 거야. 생리대 광고 속에서 빨간 피 대신 맑은 파란 물이 나오는 이유 역시 생리혈을 광고로 보기에 적합하지 않다고 여겼기 때문이겠지. 현실이 이렇다 보니 생리대는 필요하지만 조용히 알아서 구매해야 하는 비밀스러운 물건으로 자리 잡을 수밖에 없었어.

하지만 요즘 들어 생리대 광고에 변화가 생기기 시작했어. 빨간 피를 전면에 내세우고, '자궁 리모델링'이라는 말로 월경의 원인을 설명하는 광고, 월경 중 아무것도 하기 싫은 게 당연하다는 진통제 광고가 속속 등장한 거야. 월경의 진짜 모습을 보여 주기 시작한 거지.

그동안 광고가 당연한 일을 당연하다고 말하지 못한 이유에는 월경을 오랫동안 '더러운 것, 부정한 것'으로 보는 시각이 있었기 때문이야. 월경에 대한 이런 인식이 문제가 되는 것은, 이것이 곧 여성에 대한 인식과 맞닿아 있어서야. 월경하는 여성은 부정하기 때문에 신을 만날 수 없다는 생각, 월경은 더러운 것이기에 티 나지 않게 숨겨야 한다는 생각 같은 것들 말이지.

◐······················ 배울 수 있는 권리와 월경 ····················· ◑

아프리카에서 여학생들이 학교를 그만 두는 가장 흔한 사유로 월경이 뽑히는 이유는, 월경을 개인의 문제로 보는 사회의 시선에 있어. 부정하고 더러운 것이라는 인식에 덧붙여 월경을 숨기는 것이 개인의 몫이라는 생각이 작용한 거지. 그 결과 다리 사이로 흐르는 피를 막기 위한 생리대 구입 비용 역시 개인이 감당해야 해. 이 감당이 어려운 여학생들은 생리 기간 동안 학교를 빠지고 집에 머물 수밖에 없어. 한 달에 일주일을 빠진 학생들은 진도를 따라 잡을 수 없으니 결국에는 학교를 그만 두는 상황에 놓이는 거지.

생리대 비용을 개인이 부담해야 하는 것으로 당연하게 인식되는 것이 아프리카의 문제만이라고는 할 수 없어. 누군가에게 속 시원히 터놓고 말하기 어려운 이 문제로 고민하는 우리나라의 청소년들도 있을 거야. '깔창 생리대', '생리 빈곤'이라는 말이 괜히 나오는 게 아니거든. 2022년 7월 기준 한국소비자원 가격 정보 종합 포털 '참가격' 사이트에서는 총 4종의 생리대 가격을 확인할 수 있어. 가장 저렴한 것은 8077원부터 가장 비싼 것은 1만 1190원이야. 이 둘의 평균가는 9634원, 한 번 생리 기간에 두 봉지를 사용하게 된다면 1만 9268원, 일 년이면 23만 1216원의 고정 비용이 드는 셈이야. 물론 물가의 변동이 없다는 전제에서 말이지. 가격이 이렇다 보니 실제로 청소년 4명 중 3명은 월경 용품을 사는 데 부담을 느낀다는 조사 결과가 나왔고, 코로나19로 인해 학교나 지역 아동센터, 도서관 등의 공공시절이 일시적으로 문을 닫게 되었을 땐 월경 용품을 구매하는 데 더 어려움을 겪었다고 해.

다행히 우리나라에서는 그동안 월경이 개인의 문제가 아니라 사회적 개입과 책임이 필요한 여성 인권의 문제라는 의견이 꾸준히 논의되어 왔어. 그 결과 2021년 3월 국회 본회의에서는 청소년 월경 용품 보편 지원을 골자로 한 청소년복지지원법 개정안이 통과되었고, 각 시도 지자체에서는 여성청소년 위생용품 지원사업을 실시하고 있어. (여기서, 위생용품은 생리대를 의미해!) 2022년 5월부터는 저소득층 만 11~18세 여성청소년을 대상으로 지원되던 생리 용품의 연령을 만 9~24세로 확대했고 지자체에 따라서는 소득에 상관없이 모든 여성청소년에게 생리대 구입 비용을 지원하고 있어.

◐ ·············이상한 몸이 아니라 자연스러운 몸으로 ············· ◑

다들 알겠지만, 월경은 난소에서 출발한 난자가 나팔관을 지나 자궁으로 가는 여행의 결과야. 난자가 여행하는 동안 자궁 역시 자궁 벽 안쪽에 얇은 막을 만들어. 이걸 자궁 내막이라고 하는데 난자와 정자가 만난 수정란이 잘 착상(자리를 잡음)할 수 있도록 만드는 부드러운 막이라 할 수 있지. 난자가 나팔관을 빠져나와 자궁에 이르는 사이 정자를 만나게 된다면 임신이 되고, 그렇지 않으면 월경을 하게 돼. 난자만 자궁에 도착하게 되면(임신이 안 되면) 더는 필요가 없게 된 자궁 내막이 떨어지며 난자와 함께 밖으로 나오는 거야. 그게 바로 빨간 피, 월경이야. 다른 의미로는 난자의 여행이 끝났음을, 그리고 새롭게 자궁을 준비하기 시작하겠다는 신호인 셈이야.

　사람에 따라 다르기는 하지만 이러한 신호가 빨간 피로만 나타나는 것은 아니야. 난소에서 난자가 나오는 배란 이후 여성의 자궁 내막 속에는 프로스타글란딘(prostaglandin)이 증가하게 돼. 이 호르몬 물질은 자궁 근육을 강하게 수축시키는데 이때의 통증이 마치 아이를 낳는 듯한 고통과 유사해. 월경 중에 머리, 배, 허리까지 온몸이 아프지 않은 곳이 없을 정도로 심각한 통증을 호소하는 여성들이 많은 게 이것 때문이야. 이 통증을 월경통이라고 하는데 가임기 여성의 50% 이상, 그러니까 네 옆의 여자 친구들 2명 중의 1명이 겪는 아주 흔한 증상인 거지. 물론 가볍게 지나가는 경우도 있지만 진통제를 먹어야 한다거나 일상생활이 거의 불가능한 수준의 통증을 동반하는 경우까지, 개인에 따라 천차만별이라는 걸 알아 두면 좋겠어. 이처럼 차이는 있지만 매달 한 번씩 찾아오는 통증으로 힘들어하는 사람들이 있다는 걸 알고 인정해야 생리 휴가나 생리 결석에 대해 '에잇, 안 아프면서 꾀병은!', '우와, 매달 한 번씩 휴가를 찾아 쓰는 거야!'라는 식으로 오해하거나 비난하지 않을 수 있어.

2020년 기준 대한민국 가임 여성의 출산율은 0.84명으로, 채 1명도 되지 않아. 만약 1명의 자녀를 둔 사람이라면 평생에 걸쳐 단 한 번 있을 정자와 난자의 만남을 위해, 몸은 30년 이상 이 일을 성실하게 반복하는 거야. 나 자신도 모르는 사이에 이렇게 준비성이 철저하고 성실하기까지 한 내 몸의 노력을 이젠 부끄러워하지 않았으면 해. 알고 보니 얼마나 대단한 일이야!

그리고 5월 28일을 기억해 주면 좋겠어. 이날이 5일 동안, 28일을 주기로 행해지는 월경을 기념하는 '세계 월경의 날'이거든. 그동안 갖고 있던 월경에 대한 사회적 금기와 잘못된 인식을 버리고 이제부터라도 매달 맞이하는 월경을 반갑게 마주하면 좋겠어. (흑. 사실 몸은 좀 힘들겠지만 마음으로만이라도!)

머리발에서
옷발까지의 자유

◇ ·············· 나를 표현하는 방식으로서의 패션 ·············· ◇

패션은 패션 잡지나 런웨이에 선 모델에게만 있는 게 아니라 지금 바로 여기, 너와 나의 몸 위에 자리 잡고 있어. 그런 까닭에 아무리 '패.알.못.'이라도 '패션'의 영향에서 벗어나 살기는 불가능해. 우리가 어떤 옷을 입고 있든, 손에 무엇을 들고 있든, 헤어스타일이 어떠하든, 패션은 우리에게 아주 바짝 붙어 있거든. 물론 어떤 사람의 패션은 시대의 흐름에 민감하게 반응하고 또 어떤 사람의 패션은 시대를 거스르는 듯 보이기도 해. 하지만 누구나 입는 혹은 입고 싶은 패션을 만들어 가고 이끌어 가는 사람들도 분명 있어.

갑자기 웬 패션 타령이냐고? 먹고 사는 것만큼이나 입고(꾸미고) 사는 문제도 우리의 삶과 아주 긴밀하게 연결되어 있음을 이야기하고 싶어서야. 패션은 각 시대의 사회나 문화를 대표하는 가치들과 함께 생각해 봐야 할 문제거든. 우선 옷발만큼이나 중요한 머리발에 대한 이야기부터 시작해 볼까?

◇ ·························· 머리카락 혼란기 ·························· ◇

대한민국 길거리를 활보하는 남성의 대부분은 귀가 보이는 짧은 헤어스타일의 소유자들이야. 하지만 불과 120년 전만 하더라도 머리카락을 자르는 일이 신체의 일부를 훼손하는 것으로 여기고 불효라 생각했던 적도 있어. 신체발부 수지부모(身體髮膚 受之父母)라 하여 지금과 달리 우리 조상님들은 머리카락을 훼손하지 않고 상투를 트는 걸 바로 효의 시작이라고 생각했지. 하지만 이런 효는 1895년 음력 11월 17일 (양력 1896년 1월 1일) 고종의 단발령으로 막을 내리게 돼.

단발령은 쉽게 말해 백성들이 머리카락을 자르게 하는 법령이었어. 머리카락을 기르고 소중히 다루는 것이 효라 믿었던 사람들에게 머리카락을 자르라는 왕의 명령은 하루아침에 날벼락과 같은 일이었지. 더군다나 단발령 공포에 앞서 명성황후가 시해되는 을미사변(1895년 음력 8월 20일)이 있었으니 백성들의 입장에서 머리카락을 자르라는 왕의 명령은 일본의 명령으로밖에 들리지 않았을 거야. 이런 까닭에 많은 백성이 분개하고 반대했지만 이미 친일 내각의 신하들에게 자신과 세자의 머리카락을 맡긴 왕이 할 수 있는 일은 없었어. 일본은 백성의 저항에 총과 칼을 앞세우며 상투를 자르지 않으면 죽이겠다고 협박했고, 길거리를 지나다가도 눈에 띄면 강제로 상투를 잘라내 버렸으니 당시 단발령은 머리카락을 자르는 그 이상의 의미일 수밖에 없었지.

게다가 단발령을 시행하며 머리카락이 흘러내리는 걸 방지하는 헤어밴드와 같은 망건 사용이 금지되면서, 조선의 의복 산업이었던 망건과 갓 시장이 완전히 망하고 말아. 대신 이발소, 서양식 복장이 될 만한 옷이나 모자, 구두의 수요는 활활 타올랐지. '머리카락을 자를 뿐인데…' 싶었던 그 사건은 조선인들이 오랫동안 믿고 지켜왔던 가치를 훼손했고, 조선의 경제에도 큰 영향을 미쳤어. 물론 단발령을 강행했던 김홍집을 중심으로 한 내각의 개혁이 실패하면서 실제로는 단발령을 일시 폐지한 적도 있어. 하지만 1900년에 다시 단발령이 부활하면서 이 시기는 머리카락을 사수하려는 자와 서양의 문물을 받아들이며 스스로 머리카락을 자르는 자들이 함께 섞여 살던, 머리카락 세계의 대혼란기였다고 할 수 있지.

◇······ 여성의 아름다움은 머리카락으로부터 나온다? ······◇

하지만 남성의 공개적인 단발과 달리 여성의 단발은 사회 문제로 바라보는 시각이 있었어. '아니, 내 머리카락을 내가 자르든 말든 알아서 하겠다는데 뭐가 문제지?' 싶겠지만, 여성의 단발을 바라보던 당시 사람들의 시선이 곱지 않았던 것만은 분명한 듯 해. 1926년 〈별건곤〉이라는 잡지 12월호에 실린 기사의 제목을 먼저 보자고.★

〈京城名物女 斷髮娘 尾行記 아모리 숨기랴도 나터나는 裏面(경성명물녀 단발랑 미행기 아무리 숨기어도 나타나는 이면)〉

★ 국사편찬위원회 '한국사데이터베이스' 참고. (http://db.history.go.kr)

제목만으로 기사의 내용을 예측해 볼까? 아무리 읽어도 '아모리'라는 말이 자꾸만 목에 켁켁 걸리는 것 같다고? 단발랑은 당시 머리를 짧게 자른 여성을 이르는 말로, 실제 글의 내용을 보면 '꽁지 빠진 병아리'나 '송락 쓴 여승' 같다며 수군거리는 사람들의 모습을 확인할 수 있어. '미행기'라는 말을 통해 짐작할 수 있듯 이 글은 단발을 한 여성의 뒤를 따라가며 쓴 글이야. 글을 읽다 보면 단발 여성을 대하는 사람들의 비아냥거림이 담긴 태도를 찾는 일도 어렵지 않아. 심지어 아이들마저도 "야! 단발 미인 간다. 이거 봐라!" 하면서 신기한 물건을 대하는 듯한 태도를 보이지.

또 "머리카락을 여자 유일의 미(美)"라고 칭하며 "머리까지 잘라 버린 바에 말을 해서 무엇하겠냐"는 말과 함께 "단발랑이 선술집이나 설렁탕집, 청요리집 같은 데도 기탄없이 드나든다"는 한탄도 고스란히 실려 있어.

1929년 1월 같은 잡지에는 〈男女討論 女子斷髮이 可한가 否한가(남녀시론 여자 단발이 가한가 불한가)〉라는 논설을 통해 4명의 필자가 서로 여성의 머리카락을 두고 논쟁을 벌이는 글도 실려 있어. 글의 내용을 보면 가능하다는 입장과 달리 불가하다는 입장에선 단발이 여성의 특질을 잃어버리는 일이라고 지적하

고 있고, 단발하려거든 미국이나 중국과 같은 곳에서 하고 조선
으로 돌아올 땐 머리를 기르라고도 해. 짧은 머리 여성에 대한
불편하고 못마땅한 시선이 고스란히 담긴 글이지. 못마땅한 여
성의 머리카락 길이가 누구를 불편하게 했고 누구의 허락을 필
요로 했던 것인지에 의문을 품으며 다음 이야기도 함께 읽어 보
기로 해.

◇ ·············여자 단발 토론회, 찬성이요? 반대요? ············· ◇

이제 단발 논쟁에 빠지지 않고 등장하는 인물인 '강향란'에 대
해 이야기해 볼게. 그녀는 공식적으로는 알려진 최초의 단발랑
여성이야. 그녀에 대한 기사는 1922년 6월 22일, 24일자 〈동아
일보〉에서 확인할 수 있어.★ 기사의 내용을 짧게 요약하면 다음
과 같아.

"경성 화류계의 유명한 기생이었던 강향란이 한 청년을 만나 장
래를 약속하고 기적을 버렸으나 남자의 마음이 변해 자살을 시도
하려다 극적으로 살아났다. 이후 강향란은 머리를 짧게 자르고

★ 동아디지털 아카이브 참고. (https://www.donga.com/archive/newslibrary)

양복을 입고 거리를 활보하고 다녔다. 머리가 짧은 여학생은 배화학교에 다닐 수 없어 학교에서 퇴학을 당하고 서대문 안쪽에 있는 정측 강습소를 다닌다."

이런 기사와 함께 신문에는 짧은 머리에 양복을 입고 거리를 다니는 강향란의 사진도 함께 실렸어. 그리고 실연으로 목숨을 끊으려던 그날 밤의 결심도 담겨 있어.

"나도 사람이며 남자와 똑같이 살아갈 한 사람이다. 남자에게 의뢰를 하고 또는 남에게 동정을 구하는 것이 근본으로부터 그릇된 일이다. 세상의 모든 고통은 자기가 자기를 알지 못한 곳에 있다. 나의 고통도 내가 나를 알지 못하는 곳에 있다."

한강 철교에서 뛰어내리려던 순간, 자신에게 글을 가르쳐준 이를 극적으로 만나 목숨을 건진 강향란은 죽음 대신 삶을 선택하고, 그 결심으로 머리를 짧게 잘랐다고 해. 그리고 남자처럼 양복을 입고 다녔지. 하지만 그녀의 이야기는 '세상이 망했구나'와 '멋지다', '부럽다' 사이의 수많은 반응들을 만들어 냈어.

더군다나 당시 단발랑들이 강향란과 같은 기생이거나 고

등교육을 받은 일부 여성들이었던 탓에 사람들은 단발랑을 곱
게 보지 않았어. 허영심이 있고, 낭비가 심하고 외국 문물을 무
분별하게 받아들여 생긴 문제(!)로 보았어. 하지만 이런 시선에
정면 돌파를 선언한 세 여성이 있었어. 1925년 8월 〈동아일보〉
최초의 여기자이자 사회주의 여성해방운동가인 허정숙은 당시
'조선공산당 여성 트로이카'로 불렸던 주세죽, 고명자와 함께
공개 단발을 하게 돼. 머리카락 자르는 게 무슨 대수라고 공개
단발이라는 거창한 말을 사용하는지 이해가 잘 되지 않고 상상

도 되지 않을 상황이겠지만, 당시에는 여성이 머리카락을 자르는 일에 큰 용기가 필요했어.

도대체 그녀들의 머리카락에 어떤 비밀과 의미가 담겨 있기에 세상을 떠들썩하게 했을까? 그녀들의 머리카락엔 인류의 비밀을 풀 만한 신기한 DNA 지도라도 있었던 걸까? 그건 잘 모르겠지만, 그녀들의 단발이 '누군가의 허락을 필요로 하는 머리카락이 아니다'라는 선언의 의미였던 건 분명한 것 같아. 이런 선언에 대해 사람들은 여성해방운동이라고 이름 붙이고 인습에 대한 저항이라고 부르기도 했지만, 누군가의 눈치를 보지 않고 주저함 없이 '하고 싶은 대로 할 수 있는' 자유의 표현이었다는 게 더 적절하지 않을까?

눈치 보지 않는 여성, 하고 싶은 대로 하는 여성이 불러온 사회적 파장은 〈별건곤〉, 〈동광〉, 〈신여성〉과 같은 잡지나 〈시대일보〉, 〈매일신보〉와 같은 신문의 지면에서도 활발히 논의되는 계기가 되었어. 1926년 1월에는 동광청년회 주최로 '여자 단발 토론회'가 열리기까지 했고 말이야. 여성의 단발을 두고 찬반으로 치열하게(!) 펼쳐진 토론회의 청중은 대만원이었고, 그 열기는 뜨겁다 못해 아수라장이 되기도 했대.

그런데 어쩐지 이 상황이 낯설기만 하진 않아. 개인의 개성이나 취향을 두고 '반대한다, 찬성한다'와 같은 품평과 상대의 의견에 '정상이다, 비정상이다' 주장하는 도배된 댓글들을 떠올려봐. 이런 글들을 보면 여전히 개인의 것을 '나의 것' 혹은 '우리의 것'인 냥 이야기하는 사람들이 있다는 걸 알 수 있어. 여성의 짧은 헤어스타일에 '○○니즘'을 붙이며 비난하고, '청순하다, 귀엽다, 섹시하다' 등의 말을 상대방에게 아무렇지 않게 하는 사람들도 있잖아. 마치 자신에게 평가의 기준이 있는 듯 말이야.

이런 말들을 들으면 백여 년의 세월이 흘렀지만 여전히 여성의 머리카락은 자유를 찾지 못한 것 같다는 생각이 들어. 하지만 동시에 머리카락 품평은 여성에게만 있는 건 아님을 또한 알 수 있어. 긴 머리의 남성에겐 '야성'이나 '야수', '강인'과 같은 말을 붙이며 흘깃거리고, 사회에 무슨 불만이 있냐 묻는 건 긴 머리카락이 남성의 것이 아니라고 말하는 것만 같아. 곰곰이 생각해 보면, 헤어스타일이 보여 주는 성별의 역할이 따로 있다고 믿고 있어서 그렇게 반응하는 게 아닐까?

하지만 우린 모두 알고 있어. 사람의 머리카락은 누구를 위해서가 아니라, 자신의 선택에 따라 주저하지 않고 마음이 원하는 대로 자르거나 기를 수 있다는 걸 말이야. 긴 머리 남성도, 짧은 머리 여성도 '그냥, 하고 싶어서' 말고 다른 이유는 전혀 필요하지 않다는 사실도 알고 말이지.

◇························ 옷이 보내는 메시지 ·························◇

인류를 옷을 입기 전과 후로 나눌 수 있다는 말이 있는 것처럼, 옷은 오랫동안 인류와 함께 해 온 패션의 한 영역이자 개인의 취향이나 개성, 나아가 사회적 계급이나 직업을 드러내는 수단이 되기도 해. 교복은 소속과 나이를 가늠하게 하고 경찰, 소방관, 군인, 의사 등과 같은 직업을 알 수 있게도 하잖아?

　나아가 계절에 따라 시즌마다 달라지는 옷들은 사회적 흐름과 소비자들의 요구에 민감하게 반응하고 혹은 반대로 옷들이 전하는 메시지를 통해 새로운 사회적 흐름을 만들기도 해. 동물의 가죽과 털로 만든 옷에 반대하고 환경에 관심이 많은 세대의 등장이 모피 대신 플라스틱을 재활용해 만든 '리사이클 폴리에스터' 섬유 제품을 개발, 판매, 구매하게 하는 것처럼 말이야. 물론 소비자들의 요구만으로 제품이 판매되지는 않아. 관심 있는 사람들의 연구와 개발이 소비자의 마음을 변하게도 해. 입는 것만으로도 세상에 조금이라도 기여할 수 있는 방법을 찾으려는 이와 찾았다고 믿는 사람들이 연결되는 거지. 또 옷이 날개라는 말이 있듯 옷만으로도 사람을 달라 보이게 할 수 있어. 이처럼 옷은 다양한 방식으로 강력한 메시지를 전달해.

◇ ⸱⸱⸱⸱⸱⸱⸱⸱⸱⸱⸱⸱⸱⸱⸱⸱⸱⸱⸱ 편견을 지우는 옷, 젠더리스 ⸱⸱⸱⸱⸱⸱⸱⸱⸱⸱⸱⸱⸱⸱⸱⸱⸱⸱⸱ ◇

자, 그렇다면 소위 명품이라 불리는 '톰 브라운, 프라다, 루이비통, 펜디, 디올, 셀린느' 등등이 앞다투어 선보였던 2022년 남성복 패션의 트렌드, '젠더리스'에 대한 이야기를 해 볼까?

우리가 일상적으로 입는 옷을 가만히 살펴보면 단지 옷일 뿐인데도 남성과 여성의 경계가 뚜렷한 편이야. 젠더리스(genderless) 패션은 이런 경계를 허무는 게 특징이라고 할 수 있어. 치마나 크롭 톱 같은 여성들이 주로 입던 아이템(품목)을 남성을 위한 옷으로 제작, 판매, 유통하는 거라고 생각하면 돼. 크롭 톱을 입고 개미허리가 아니라 복근을 뽐내는 남성을 떠올리면 이해하기 쉬울 거야. '헐, 대박, 아무도 안 입을 듯'이라고 생각할 수도 있지만, 젠더리스 패션은 〈보그〉에서 이미 보여 준 바 있어. 그래, 맞아. 그 세계에서 가장 영향력 있는 패션 잡지라고 불리는 바로 그 〈보그〉야.

2020년 12월 〈보그〉 미국판 표지를 장식한 모델은 영국의 가수 겸 배우이자 4인조 남성 밴드 '원 디렉터'의 멤버인 해리스 타일스였어. 그는 128년 역사를 가진 〈보그〉의 역사 중 최초로 남성 단독 표지 모델이 되었지. 바로 이 역사적인 순간, 해리스타일스는 슈트 대신 하얀색 레이스 쉬폰 드레스를 입고 초록빛 들판을 배경으로 멋진 포즈를 선보여(궁금하면 포털사이트에 '보그 스타일스'를 검색해서 〈보그〉의 표지를 한번 보렴).

'오 마이 갓!'이라고 외칠지도 모르겠지만, 레이스가 층층이 쌓인 쉬폰 드레스를 입은 해리스타일스가 남긴 말은 "남자 옷, 여자 옷이라는 편견 가득한 장벽을 벗어나면 우리 모두의 삶은 행복해질 것"이야. 해리스타일스는 부드러운 쉬폰 드레스로 '한쪽의 성별만을 위한 옷'들이 쌓아 올려 만든 '편견'이란 '보이지 않는 장벽'을 무너뜨렸어. 한 벌의 옷이지만 그가 사회에 전한 메시지는 무시할 수 없는 내용이야.

2021년에도 젠더리스 패션으로 전 세계의 주목을 받은 사람이 한 명 더 있어. 바로 BTS의 지민이야. 타고난 몸치조차도 두둠칫하게 만드는 BTS의 〈Butter〉(2001)의 싱글 앨범 콘셉트 사진에 지민은 스코트랜드 전통 의상(치마)인 킬트와 퍼 부츠, 빨간 머리를 하고 등장했어. 그의 모습은 전 세계에 기사화되었고, 처음엔 어색할지 몰라도 단발이 그러했듯 치마도 어색하지 않을 날을 예고하는 듯해.

◇ ·························· **신들도 치마를 입었다** ·························· ◇

그런데 말이야, 사실 치마를 입은 남성은 오래전부터 있었어. 옷 만드는 기술이 부족했던 시절 커다란 천을 휘뚜루마뚜루 걸치고 끈으로 묶었던 오늘날의 원피스와 같은 형태는 남녀 구분 없이 입던 기본 중에 기본인 옷이었지. 잘 상상이 안 된다고? 고대 유럽을 배경으로 한 영화 속 사람들이나 박물관에 우뚝 서 있는 대리석으로 만든 신화 속의 신들, 그림 속에 박제된 고대인들의 모습을 떠올려 봐. 한 장의 천으로 몸을 휙휙 감고 한쪽 어깨는 드러낸 스타일이 어슴푸레 떠올랐기를 기대해 볼게. 고대 그리스나 로마보다 더웠던 이집트의 사람들은 상반신을 노출하고 허리 아래를 감싼 형태의 옷(영화 속에서 종종 나오는 목욕탕 장면에 어울릴 듯한 옷)들을 입었어. 이 옷은 로인클로스라 불렸는데, 매듭을 묶는 방식이나 길이로 신분을 구분했었대.

또 서양 명화를 보면 어린아이들이 바지 대신 드레스를 입은 모습을 어렵지 않게 발견할 수 있어. 20세기 초반까지 대체로 7, 8살을 전후의 남자아이들은 여자아이들과 마찬가지로 드레스를 입었대. 오늘과 같이 지퍼나 벨크로(찍찍이) 대신 단추와 매듭이 무척 많았던 바지를 어린 남자아이가 혼자 입고 벗기란 쉬운 일이 아니었거든. 더군다나 배변 조절이 어렵고, 세탁기도 없었고, 옷도 귀했던 시절에, 하루가 다르게 성장하는 어린아이들에겐 바지보다는 치마가 더 실용적이었을 거야. 치마는 특정한 성별을 위한 옷이 아니라 실용적이라는 이유로 오랫동안 누구나 입는 옷이었던 셈이지.

유럽에서 바지는 말을 주로 타는 스키타인들에 의해 전파되기 시작했다는 게 일반적인 설이야. 지금의 러시아나 우크라이나, 몽골 근처의 추운 지역에서 유목 생활을 하던 스키타인의 생활 모습이 온화한 기후 지역에 사는 유럽인들에겐 낯설게 보였던지, 고대 그리스나 로마 사람들은 바지를 야만인의 옷으로 여겼대. 바지가 그 낯선 이들과 동일한 것이 된 거야. 하지만 따뜻함과 실용성 때문이었는지 나중엔 유럽인들도 바지를 받아들이게 됐어. 일을 하거나 말을 탈 때, 전쟁을 할 때 여기저기에 낄 위험이 있는 치마보다는 바지가 훨씬 편리했을 거야.

| 치마 입은 왕자의 모습. 디에고 벨라스케스의 〈펠리페 프로스페로 왕자의 초상〉(빈미술사 박물관 소장) (출처: 위키미디어 커먼스) |

유목민족과 지리적으로나 문화적으로도 가까웠던 우리나라는 고구려 벽화에서 볼 수 있듯 치마보다는 바지가 주된 복장이었을 거로 추측돼. 땡땡이 무늬 바지를 입은 여성들이 춤추는 장면만 보더라도 바지가 특정한 성별이나 직업을 위한 건 아니었을 거라고 추측할 수 있어. 이런 식으로 따져 올라가다 보면, 치마든 바지든 옷이 처음부터 특정한 성별로 나누어 입기 위해

만들어진 게 아니었다는 걸 알게 되지. 그리고 특별히 누구에게 더 잘 어울리는 옷이 따로 있는 것도 아니고 말이야.

◇ ···················· 옷에 담긴 편견을 벗기기 ···················· ◇

하지만 어린 남자아이들에게 드레스를 입힌 상징적인 의미를 따라가다 보면 고개를 갸웃하게 되는 일들을 만나게 돼. 남자아이, 여자아이 상관없이 어린이들을 여성들과 마찬가지로 미성숙한 존재로 여겨서 드레스를 입혔던 거거든. 이 말은 다른 말로 "여성은 미성숙해서 드레스를 입는다"와 같은 의미로 전해질 수도 있어.

그 예로 남자아이들이 바지를 입기 시작하는 날은 '브리칭'이라 하며 축하했대. 남자의 하의를 '브리치스'라고 불렀는데, 이 '브리치스'를 입는 날을 아동이 남성이 되는 날로 기념했다는 거지. 바지를 입기 시작하면 여성(엄마, 보모)의 돌봄에서 벗어나 교육과 훈육이 시작된다고 말이야. 바지에 무슨 마법 기능이 추가되기라도 한 듯이 바지를 입는 순간 더 이상 아이가 아닌 남성이 된다는, 뭐 그런 얘기지.

누구나 바지를 입었던 우리나라의 경우에는 조선 시대가

되면서 예의와 범절, 성별을 나누는 문화에 의해 여성은 치마를, 남자는 바지를 입는 식으로 옷이 고정화되기 시작했어. 원래 여성이 입던 바지는 치마 속(속치마)으로 들어가고 말이야.

유럽의 경우는 18세기말 산업혁명으로 가정과 직장이 빠르게 분리되었지만 여성은 남성과 동일한 교육을 받을 수 없고, 재산이나 직업을 가지는 것도 제한되었지. 이런 시기를 반영하듯 여성의 옷은 잘록한 허리를 강조하기 위한 코르셋과 치마가 한껏 부푼 스타일이 유행하기 시작했어. 여성들은 코르셋과 페디코트 안에 갇혀 남성과 다른 삶을 살아야만 했지. 이후 코코 샤넬이 등장하여 여성에게 바지를 선사하고, 두 차례의 전쟁으로 여성도 일해야 하는 시기가 오기까지는 여성의 옷이 여성의 몸을 가두었다고 할 수 있어.

그렇다면 오늘날의 옷들은 어떤 이야기들을 건네고 있을까? 해리스타일스를 시작으로 젠더리스가 패션의 트랜드로 자리 잡는다는 것은 어쩌면 희망적인 이야기가 아닐까 싶어. 각자의 개성과 다양한 취향을 존중하게 되었다는 것, 성별을 갈라만든 편견의 장벽을 무너뜨리려고 시도하고 있다는 점에서 말이야.

자, 이제 패션에 대한 이야기를 마무리해 보자. 비록 머리발

과 옷발밖에 이야기하지 못했지만 특정한 성별을 위한 스타일

은 원래 없었어. 그러니 정상이나 비정상처럼 규정할 수 있는

기준도 없는 게 패션의 세계야. 패션은 기존의 틀을 깨는 멋진

상상력에서 새롭게 시작되는 것이니 말이야. 누군가를 위하거나 누구의 허락이 필요하지 않은 '자신만의 패션'에 용기 있게 도전해 보지 않을래?

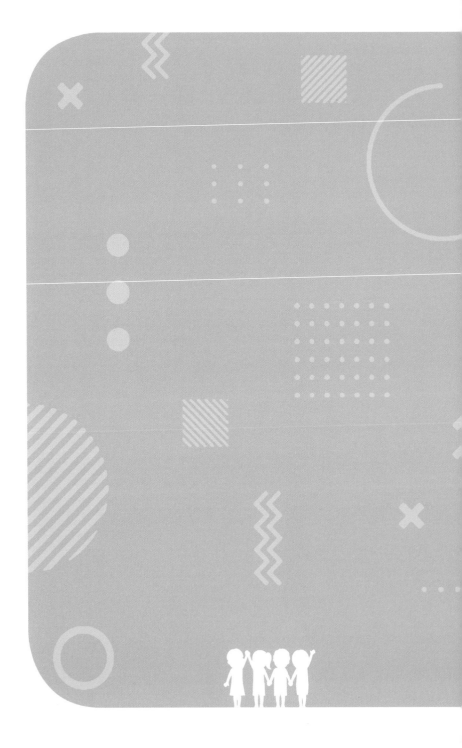

3장

우리를 둘러싼
세계

처음 만나는 어른의 세계
성 역할

◉ ············· 씩씩한 엄마, 달콤한 아빠는 어때? ············· ○

인류는 멸종했지만 인간 배아를 보관하고 있던 로봇들은 자궁 모양의 통에서 24시간 만에 아이를 생산한다. 그리고 로봇은 사람의 온기와 촉감을 닮은 실리콘 패드와 자장가로 아기를 돌본다. 아기는 이름 없이 '딸'로, 로봇은 '엄마'로 불린다. 딸을 지극정성으로 돌보는 엄마와 엄마의 기대대로 성장한 딸이었지만 뜻밖의 사건으로 둘은 다투게 된다. 로봇 엄마의 계획을 알게 된 인간 딸은 또 다른 배아에서 24시간 만에 인간이 된 새로운 인류, 동생을 돌보기로 결심하며 'I am mother'를 의미심장에 읊조리는데….

이게 무슨 이야기냐고? 넷플릭스 오리지널 SF 영화 〈나의 마더 (I am mother)〉의 줄거리야. 인류의 멸종과 새로운 인류 재건이 목적인 로봇이 등장하는 영화로, 초반엔 로봇 하나와 한 명의 인간만이 등장하지. 기지 외부가 오염이 심각해 나갈 수 없다고 믿는 인간은 로봇과 교감하며 성장해. 영화가 주는 메시지와 무관하게 성별이 있을 리 없는 로봇이 스스로를 엄마로 인식하고 (딸에게) 불리는 것을 보면 '인류가 멸망해도 엄마의 역할은 변하지 않는 것이구나'라는 생각을 하게 되지.

영화 속 로봇 엄마의 역할은 그야말로 아이를 돌보는 일에 집중되어 있어. 좀 더 구체적으로 보자면 딸의 식사를 챙기고, 과제를 점검하며, 종이접기나 그림 그리기를 가르치기도 해. 또 생일 선물을 준비하고, 잠이 잘 들 수 있도록 곁을 지키기도 하고, 아이의 심리 상태를 분석하고, 마음을 알기 위해 애쓰기도 하지. 영화는 아이의 정서부터 교육과 건강까지 모두 돌보는 것이 바로 '엄마'의 역할이라고 말하는 듯해.

만약 영화의 제목이 〈나의 파더〉였다면 어땠을까? '파더 역시 아이를 능숙하게 돌보는 로봇이었을까? 다양한 시행착오를 하며 아이에게 사랑을 느끼고 스스로 각성하는 로봇이었을까? 아니면 놀이나 싸움을 가르치는 스승의 모습이었을까?' 하는 의문을 품어 보곤 해.

이런 생각들을 하는 나 역시도 엄마와 아빠의 역할이 다를 수 있다고 생각하는 거야. 너무나 자연스럽게 말이지. 하지만 실제로 육아의 과정에서 성별이 다르다고 해서 할 수 없는 건 거의 하나도 없어. 엄마가 아이를 돌보듯 아빠도 아이를 돌볼 수 있거든. 다만 그런 모습들이 우리에게 아직 익숙하지 않을 뿐이야.

◉····성별에 따라 할 수 있는 일이 다르다는 믿음, 성 역할···· ○

나를 포함해 사람들의 생각에 엄마나 아빠의 역할이 따로 있다고 굳게(?) 믿는 이유는 그동안의 경험과 무관하지 않을 거야. 영화 속 '딸'이 스스로 "I am mother"를 읊조리듯 각자의 가정에서 자연스럽게 엄마의 역할에 대해 배워 왔고, 배우고 있는 중이기도 하니까 말이야.

맞벌이 가정이 급격하게 늘어났음에도 학교 준비물을 챙

기고 학원비를 결재하며 요리와 빨래를 주로 하는 사람이 누구인지를 생각해 봐. 설거지를 도맡아 하는 아빠가 있다면 '자상하다, 가정적이다, 아내는 좋겠다' 등등의 표현이 딸려 다니는 것을 본 적이 있을지도 모르겠어. 누구에게는 당연한 역할인 듯 부여된 일들이 성별이 바뀔 땐 칭찬이 되는 것을 말이야.

태어나 처음 접하는 어른의 세계가 성별에 따라 마치 해야 할 일이 따로 정해져 있는 것처럼 보이는 세상이라면 아이가 이러한 생각을 배우는 게 전혀 이상하지도, 어렵지도 않아. 적절한지와는 무관하게 말이지. 대부분의 여성이 결혼 전 육아를 경험했을 리도 없고, 살림을 도맡아 해 본 적도 없을 거야. 그럼에도 여성이 결혼과 출산을 하면 자연스럽게 요리를 포함한 살림에 만능일 것으로(만능이어야 하는 것으로) 여겨지기도 하고, 아이에 대한 마음은 타고난 모성이라는 표현으로 불리기도 하면서 만약 그렇지 않은 것처럼 보이면 '엄마가 왜 저래?'라는 비난을 감수해야 할지도 몰라. 성별이 무엇이든, 아이는 자라면서 엄마와 아빠의 역할을 배우게 되는 동시에 스스로 그 역할을 해야 하는 나이(상황)가 될 때 비슷하게 행동할 수밖에 없는 거지.

성별에 따른 이런 역할들에 대해 '성 역할'이라는 표현을 사용하는데, 그 결과 성별에 따라 할 수 있는 혹은 할 수 없는 일들을 구분하게 돼. 이런 구분은 가정을 넘어 직업을 선택하거나 일상적인 생활에서도 많은 영향을 미치지. 흔히 비행기 조종사라고 하면 남성을, 간호사라고 하면 여성을 떠올리기 십상인 이유도 이런 성 역할과 관련된 고정관념이 작용한 결과야. '금남' 혹은 '금녀'의 구역으로 구분 짓는 일은 특정 성별에 적합한 일이 있는 것으로 인식하게 만들기 쉽거든. 물론 일반적으로 특정 성별이 더 많은 일을 하는 경우도 있어. 하지만 이런 차이가 기회의 부족이나 사회적 시선에 따른 선택이지는 않은가 고민해 보아야 해.

예를 들어, 우리나라의 경우 여성의 사관학교 입학이 가능해진 것은 1997년 공군사관학교 입시부터였어. 당시 정부에서 여성의 사회 참여를 강조하여 이를 입시에 반영하게 되었고 이때 처음으로 공군사관학교에서 여학생 20명을 모집하게 되었지. 경쟁률은 22.2대 1에 달했고 최종 합격생은 19명이었어. 이때 합격한 생도들이 최초의 사관학교 여자 합격생이고, 최초의 여성 전투기 조종사가 되었지.

그런 점에서 볼 때 2022년 입시 요강에서 남학생 모집 인원이 221명인 것에 비해 여학생 모집 인원이 25년 전보다 불과 4명 증가한 24명인 것은 기회의 부족이라 말할 수 있지 않을까 싶어. 반면 국군간호사관학교의 경우에는 여학생만 모집하다가 2012년에야 남학생의 입학이 허가되었어. 하지만 전체 정원의 10%만 남학생으로 선발해.

성별에 따라 적합한 직업이 있다는 믿음은 성별에 따른 진로 교육으로 이어져 왔어. 지금이야 여성만 다닐 수 있는 대학의 존재에 대해 고개를 갸웃할 수밖에 없겠지만, 과거에는 여성이 남성과 같은 공간에 있는 것이 오히려 문제가 됐었어. 남녀칠세부동석의 생각들이 성별을 나누는 중등학교와 대학교의 등장을 도왔다고도 할 수 있지(여중, 여고, 남중, 남고, 여대).

　　그런 상황에서 여대는 의학대학 대신 약학대학을 편성해서 운영했어. 여성의 사회적 진출을 위한 학과 편성이었겠지만, 동시에 여성에겐 의사보단 약사가 적절하다는 당시 사람들의 생각이 반영된 것이기도 해. 이런 편성이 한편으론 약사가 될 수 있는 기회를 충분히 제공해 준 것처럼 보일지 몰라도, '무슨 여자가 의사를 하니?'와 같은 사회적 시선이 교육 과정에 편성된 것이기도 하지.

그런데 시간이 흘러 2022년이 되자 남성보다 여성의 약학대학 입시 정원이 많다는 점 때문에 성별 불평등 논란이 생겼어. 왜냐고? 여성들만이 입학 가능한 여대에 약학과가 많다 보니 신입생이 다수 여학생이 배정될 수밖에 없는 상황이라서 불평등하다는 거였지. 입시라는 민감한 문제이다 보니 학생도 학부모도 모두 예민하게 반응할 수밖에 없었어.

이처럼 과거엔 문제가 되지 않았던 것이 오늘날에 문제가 되고 있는 이유에는 과거엔 남성들이 약학대학을 선호하지 않았던 탓도 있어. 실제로 '여대 약대에 과다한 입학 정원을 배정한 것은 위헌'이라고 제기된 헌법 소원에 대해 헌법재판소는 2020년 7월, "직업 선택의 자유를 침해한다고 볼 수 없다"는 결정을 내린 바 있어. 헌재는 "남녀공학 약대에서도 재적 학생 중 여학생 비율이 평균 50%에 이르러 여대 약대 존재만으로 남성의 약대 입학 가능성에 결정적 영향을 미쳤다고 보기 어렵다"는 이유였지. 상황이 이렇다 보니 약학대학을 지원하려는 남학생들의 입장에선 억울함을 느낄 수밖에 없어. 더 치열한 경쟁을 감내해야 하기 때문이야. 마치 사관생도가 되려는 여학생들이 "무슨 여자애가 장교가 되려고 그러니?"와 같은 편견과 남학생들보다 배가 넘는 경쟁률을 감내해야 하는 것처럼 말이지.

이처럼 여성은 여성으로, 남성은 남성으로 더 적합한 어떤 것이 있음을 의미하는 사회적 시선은 진로나 직업을 선택하는 데도 막대한 영향을 끼치고 있어. 만약 성별에 따른 역할이 따로 있는 게 아니라는 생각이 좀 더 일반화된다면 우리는 조금 더 다양한 가능성을 고민해 볼 수 있지 않을까? 페스탈로찌, 몬테소리처럼 이름만으로도 쟁쟁한 남성 교육자들이 어린이 교육에 관심이 많았던 것처럼 유아교육학과에 진학하는 남학생들이 늘고, 굴삭기와 포크레인을 운전하는 여학생들의 모습이 어색하지 않은 세상이 당연하도록 말이야.

직업에 대한 귀천이든 적합성이든, 이러한 열린 사고가 당연해지는 세상을 가능하게 하려면 한 사람이 태어나 처음 접하는 '가정'이 달라져야 하지 않을까 싶어. 함께 살아가기 위해 밥을 먹고 집을 치우고 돈을 버는 일까지 아빠나 엄마의 일을 구분하지 않고 필요한 순간에 할 수 있는 사람이 하는 모습을 보고 자랄 때 우리는 성별에 얽매이지 않고 자유로운 선택을 할 수 있을 거야.

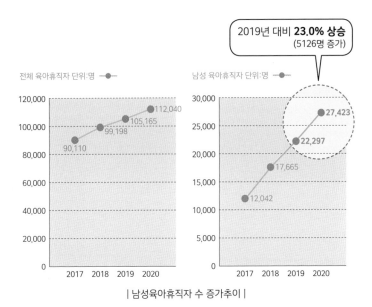

| 남성육아휴직자 수 증가추이 |

한편으로 다행인 점은 우리나라의 남성 육아휴직 비율이 점차 증가하고 있다는 점이야. 통계청 자료에 따르면,[★] 2020년의 육아휴직자는 11만 2040명이었고 이 중 남성 육아휴직자는 2만 7423명으로 전체 육아휴직자의 24.47%를 자치해. 2018년엔 1만 7662명, 2019년 2만 2297명으로 점차 증가세에 있어. 이런 변화는 경제적으로나 사회적으로 제도와 인식의 변화가 있었기 때문에 가능한 일이야.

★ e-나라지표 자료 참고. (index.gokr)

그래도 여전히 여성의 상당수가 육아를 위해 하던 일을 그만두는 경우가 많은 것도 현실이야. 통계청은 여성의 경력 단절을 매년 조사하고 있는데, 여성이 일을 그만두는 이유 중에 40% 이상이 바로 육아였어. 하지만 남성의 경력 단절은 통계 자료도 없어. 이는 남성의 실업은 경력의 단절이 아니라 고용 불안으로 여기는 생각 때문일지도 몰라. 남성은 지속적으로 노동에 임해야 하는 대상이라는 점에서 여성과 다른 기준의 잣대를 반영한 거지. 하지만 남성이든 여성이든 각자의 자리에서 자신이 할 수 있는 일을 필요한 순간에 할 수 있게 보장한다면 경력 단절은 특정 성별이 경험해야 하는 일이 아니게 될 거야. 성별에 따른 역할이란 원래 없는 게 맞아.

◉ ·························· 불가능한 잣대 ·························· ○

간혹 성별은 '차별'이 아니라 '구별'되는 것이라고 주장하는 친구들이 있어. "각 성별에 따라 할 수 있는 일이 다른 것이지 차별은 아니다"라는 주장에 성별에 따른 '체격' 조건이 다르고 '성향'이 다르다는 점을 근거로 들면서 '구별'이라는 표현을 사용하지.

그런데 이런 구별의 기준이 모두에게 적용할 수 있는 것인

지에 대해서는 생각해 본 적 있니? 사람마다의 차이는 성별이
아니라, 신체적 조건을 말하는 게 아니라, 생활 여건에 따라 다
를 수 있다는 생각 말이야. 세상엔 섬세한 여성이 있는 게 아니
라 섬세한 사람이 있는 것처럼, 다정한 사람이 있고, 힘이 센 사
람이 있고, 무심한 사람이 있을 뿐이야.

　서로 다른 조건과 상황에서 살아가는 사람들에게 일정하
게 같은 기준의 잣대를 들이대며 구별하는 건 애초부터 불가능
한 일이 아니겠니? 이젠 누군가의 도움을 기대하는 것도, 당연
하게 특정 성별이 해야 할 일이라고 미루는 것도, 이런 저런 직
업을 성별의 이유로 고민하는 것도 이제는 그만두었으면 해.

2

기사로 둔갑한 여성의 세계
여성성

▣ ⋯⋯⋯⋯⋯⋯⋯⋯⋯ ○○○ ♥ △△△ ⋯⋯⋯⋯⋯⋯⋯ □

스마트폰의 화면을 켜고 앱에 들어가는 순간 우리는 가정이나
학교보다 더 많은 이야기를 들려주는 세계와 쉽게 만날 수 있
어. 페이스북이나 인스타그램에 올린 사진과 글 덕분에 개인의
삶을 누구나 들여다 볼 수 있게 된 거지. 물론 공개로 설정해서
올려 둔 개인의 삶은 들여다봐 주길 바라는 욕망을 품고 있기도
해. 하지만 이런 개인의 삶이 기사로 옮겨 담아지면 게시자가

올렸을 때 의도했던 것과 다른 제목으로 표현되기도 하지.

　　○○○♥△△△, 애플힙+개미허리 몸매 퀸, 마네킹이 필라테스하
는 줄

　　△△△, 美친 몸매 종결자, 반박 불가 레깅스 핏 원톱

　　△△△, 출산 후에도 처짐 하나 없는 선명한 복근

　　△△△ '쌍둥이 출산' 한 달 만에 근황… 육아 힐링 중

　　△△△, 다시 인생 최대 몸무게 '50.3kg?' … 다이어트 식단

　　민낯으로 꿀피부 자랑 ♥○○○가 반한 이유 알겠네

　　△△△, 수제 도시락으로 특급 내조… ♥○○○ 너무 좋겠네

　　다음은 2022년 2월의 어느 날 포털사이트에 올라온 연예
기사 제목들이야. 어때? 아마도 ○○○와 △△△에 들어갈 성별
이 뭔지 쉽게 알아챌 수 있을 거야. 이런 기사들은 대체로 개인
의 인스타그램 계정에 올라온 사진을 바탕으로 탄생한 기사들
이야. 기자는 어떤 의도로 개인의 일상을 대중이 소비할 수 있
는 삶으로 바꾸어 놓은 걸까? 애플힙에 개미허리의 몸매를 자
랑하는, 누군가의 연인인 여성으로 보이게끔 말이야.
　　이런 기사들이 문제없이 공유되는 이유는, 바람직한 혹은

칭찬받아 마땅한 여성의 모습에 대한 환상이 있기 때문일 거야. 흔히들 '여성성'이라 표현하는 것이지. 여성이라면 당연하게 갖추고 있을, 혹은 갖추어야 한다고 오래전부터 생각되어진 것들 말이야. 기사에 나온 것처럼 아름다운 몸을 위해 필라테스에 힘쓰고 출산 후에도 처짐 하나 없는 복근을 유지하는 것이 여성의 당연한 가치라는 거지. 이런 기사들은 대중들에게 여성은 50kg을 넘으면 안 되고 민낯으로도 반짝이는 꿀피부를 가져야 사랑받을 만한 자격이 갖춰진다는 메시지를 은근슬쩍, 아니 노골적으로 전하면서 사랑을 주는 대상을 남편이나 연인으로 한정해버려. 그러니까 여성의 몸은 개인이 아니라 남편이나 연인의 것인 냥 표현되고 있는 셈이야. 심지어 남편을 위해 수제 도시락 정도는 뚝딱 마련할 수 있는 게 보통의 당연한 삶인 것처럼 말이지.

▣ ·················· 자랑의 주파수가 틀렸다면? ·················· □

하지만 이런 사진들을 보며 "어차피 자랑하려고 올린 거 아닌가?'라며 불편한 마음이 들 수도 있어. 그래, 자랑하려고 올린 거 맞겠지! 하지만 그녀들이 오로지 상대(남성)의 사랑을 받기 위해 필라테스를 하고, 요리를 하고, 아이를 돌보았을까? 아니, 그렇진 않을 거야. 그녀들이 자랑하고 싶은 건 많은 시간과 노력을 들인 필라테스의 결과와 출산 후에도 원래의 몸으로 돌아와 자신의 영역을 유지하고 싶은 노력이 만들어 낸 복근일 거야. 다시 말해, 그녀들은 남편이나 연인의 사랑이 아니라 스스로 자신의 영역을 지켜 내거나 확장하고 싶은 마음을 자랑하고 있는 거지.

하지만 기사들은 너무나 쉽게 '○○○♥△△△'으로 여성의 이름과 노력을 지우고 누군가의 아내나 연인으로 표현하곤 해. 더군다나 애플힙과 개미허리, 복근, 꿀피부와 같은 외적인 요소를 강조하며 여성적인 몸에 대한 환상을 심어 주지. 또한 여성은 요리나 육아에 대한 능력을 타고나서 쉽게 할 수 있다는 잘못된 믿음까지 더하면서 말이야.

◙ ⋯⋯⋯⋯⋯⋯⋯⋯⋯⋯⋯⋯ 가정의 천사 ⋯⋯⋯⋯⋯⋯⋯⋯⋯⋯⋯⋯ ◻

사실 이런 성별에 대한 고정관념의 역사는 꽤 오랫동안 이어져 왔어. 그 중 영국 역사상 가장 번영했던 시기 중 하나인 빅토리아 여왕이 통치했던 때(1837-1901)의 이야기를 살펴보기로 해.

그녀는 64년간 영국을 안정적으로 통치했고 '해가 지지 않는 나라'의 전성기를 만들었어.

여성이 왕인 나라, 그런 나라에서 여성의 삶은 어땠을까? 여왕을 돕는 여성의 정치 참여는 활발하게 이루어졌을까? 영국 여성들이 오랜 투쟁을 통해 20세기 초에야 겨우 여성의 참정권을 획득했던 것을 보면, 안타깝게도 여왕의 등장이 다른 일반 여성의 권익과는 상관없었던 것 같아. 오히려 이 시기에 출간된 코벤트리 팻모어의 장편시 〈가정의 천사(The Angel in the House)〉(1895)는 당시 영국에서 여성을 바라보는 시각을 확인할 수 있게 해 주지. 작품 속 가정의 천사는 여성을 의미하는데, '천사'라는 말에 혹해서 '오호! 역시 영국 신사야!'라고 감탄해선 곤란해. 이는 여성의 사회 참여가 지극히 제한적이었던 당시 상황을 보여 줄 뿐이야. 물론 작가는 집안을 (천국처럼) 편안한 휴식처로 만드는 여성이 천사와 같다는 찬사(?)를 담으려 했겠지만, 이것이 오히려 시대적 한계였음을 여실히 드러내고 있어. 더군다나 천사의 성별이 남자가 아니라 여자라고 누가 그래? 성별이 확실히 있긴 해?

이후 버지니아 울프는 《여성을 위한 직업》(1913)에서 '가정의 천사'를 죽여야 한다고 단호한 어조로 말해. 가정의 천사를 죽이다니 이건 또 무슨 말인가 싶지? 당시 영국의 여성들은 자신만의 재산을 가질 수가 없었어. 자신이 입고 있던 속치마까지도 아버지에서 남편으로 소유가 넘어갈 정도였거든. 그런 시절에 여성은 스스로 가정의 천사가 되어 인정받는 것 이외에 선택할 수 있는 게 없었을 거야. 울프는 바로 이런 상황을 비판하며 가정의 천사가 아닌 독립적인 개인이 되어야 한다고 말하고 싶었을 거고. 그녀가 《자기만의 방》에서 여성이 글을 쓰기 위해서 돈과 자기만의 방이 필요하다고 했던 것 역시 아버지, 오빠, 남편과 같은 남성에게 기대는 삶이 되어선 안 된다는 주장과 통해. 여성이 글을 쓴다는 것, 자신의 생각을 표현한다는 것이 쉽지 않은 시대였거든.

울프의 바람처럼 오늘날엔 많은 여성들이 교육을 받고 직업을 가지고 살아. 그럼 오늘날엔 '가정의 천사'는 모두 죽은 건가?

▣ ················ 가정의 천사에서 원더우먼으로 ················ ▢

그렇다면 오늘날 남성의 삶은 어떻게 소비되는지 궁금해서 앞서 본 기사와 비슷한 시기에 같은 포털사이트에 올라온 다른 기사들의 제목도 스크랩해 보았어.

○○○, 떡볶이집 그 오빠와 환갑잔치 꿈꾼다

○○○, 솔로 활동 심심, 편한 부분도 있어

○○○, 대본 인증샷, 본방사수 당부

보기만 해도 사르르♥○○○

얼굴만 봐도 행복해지는 스타♥○○○

남성들은 결혼을 했더라도 그들은 부인의 이름과 함께 불리는 대신 자신의 이름으로 불렸고, 몸매나 요리와는 무관한 직업과 관련된 기사들이 주요 내용이지. 또 여성의 기사 제목이 남편(연인)이 보기에 좋은 대상으로 서술되었던 것과 다르게, 남성의 기사 제목은 대중이 보기에 좋은 대상으로 표현되었어. 심지어 존재 그 자체만으로도 누군가의 사랑을 받을 만하다고 여겨지는 제목들이지.

기사 제목들만 살펴보았는데도 성별을 대하는 태도가 다르다는 것을 알 수 있어. 더군다나 빅토리아 시대의 가정의 천사는 가정만 돌보아도 인정받았다면, 오늘날의 가정의 천사는 밖에서 경제활동도 잘하면서 동시에 집안까지 성공적으로 돌봐야 하는 원더우먼으로 바뀐 건 아닌가 하는 생각마저 들어.

하지만 천사나 원더우먼은 현실에 존재하지 않아. 1963년

베티프리단의 책《여성성의 신화》가 말해 주듯 여성성이라는 것은 그저 신화처럼 신비하고 기이한 환상에 불과해. 이제 우리는 기사가 말하는 여성에 대한 환상이 아니라, 그 속에 숨어 있는 그녀들의 노력을 읽을 수 있었으면 해.

◑ ③ ◐
게임에서 만나는 뜻밖의 세계
남성성

◑ ┄┄┄┄┄┄ 게임에서 배우는 뜻밖의 질서 ┄┄┄┄┄┄ ◐

〈포켓몬스터〉, 〈슈퍼마리오〉와 함께 닌텐도 3대 게임 중 하나로 손꼽히는 〈젤다의 전설〉은 1986년 2월에 출시된 이후 현재까지 꾸준히 시리즈로 발매되고 있는 어드벤처 게임이야. 스토리는 시리즈마다 조금씩 차이가 있지만 재앙 가논에게서 젤다 공주를 구하는 링크의 모험을 다룬다는 점에선 크게 다르지 않아. 비슷하게 〈슈퍼마리오〉 역시 쿠파에게 납치된 피치 공주를 구하기 위해 고군분투하는 이야기를 담고 있지.

　우리가 흔히 하는 게임들이 지루하지 않은 이유들 중의 하나는 바로 스토리를 구성하는 세계관 때문이야. 이 세계관 덕분에 해치워야 할 적을 분명히 알 수 있고, 퀘스트를 해결하며 레벨 업할 수 있거든. 〈젤다의 전설〉역시 '전설'이라는 이름에 걸맞게 세 여신에서부터 이야기가 시작돼. 다른 게임들도 북유럽 신화에서부터 위쳐(마법사)들이 살던 중세 시대들 혹은 그 시대와 장소를 가늠하기 어려운 배경에서 시작하곤 해. 낯선 세계의 등장은 현실과 구분되는 동시에 플레이어들에게는 이해해야 할 세계이자 도전의 공간이지. 이제 플레이어들은 게임 속 세계에서 현실과는 전혀 다른 모습으로 기꺼이 전투에 참여하고 모험을 즐기게 돼. 특히 MMORPG(Massively Multiplayer Online Role-Playing Game, 롤플레잉 게임) 형식의 게임의 경우에는 같은 필드 안에 수십, 수백 명의 플레이어가 함께 새로운 세계 속을 누비며 어울리기도 해. 이제부터 이런 과정에서 배우게 되는 뜻밖의 것들에 대한 이야기를 해 볼까?

　2021년 한국콘텐츠 진흥원에서 발표한 〈2021 대한민국 게임백서〉에 따르면, 국내 PC게임 시장은 점차 축소되고 있어. 게임 개발회사들은 최근엔 모바일 게임을 집중적으로 개발하고 출시하는 추세야. 2020년 청소년 통계 또한 스마트폰을 이용해 가장 많이 하는 활동으로 게임이 네 번째에 뽑힌 것도 이런 추세와 무관하지 않아 보여. 참고로 메신저 사용이 1위였고, 2위는 동영상 시청이었는데, 결과적으로 스마트폰은 나와 다른 세계를 연결해 주는 구실을 한다고 볼 수 있어.

동글동글한 도라에몽의 '어디로든 문'을 떠올리게 하는 만능 템인 스마트폰을 열어 모바일 게임을 작동시키면 현실과 구분되는 환상과 스릴을 선사해 주지. 2022년 2주차 구글 스토어 모바일 게임 매출 순위를 살펴보면 상위(1~15위) 중에서 절반 이상이 〈리니지M〉, 〈오딘: 발할라 라이징〉, 〈히어로즈 테일즈〉, 〈언디섬버〉, 〈기적의 검〉과 같은 롤플레잉 게임이 차지하고 있어.

또 모바일 순위는 아니지만 2022년 2월 1주차 게임 순위를 보면★ 〈리그 오브 레전드〉, 〈배틀그라운드〉, 〈서든 어택〉과 같은 슈팅 게임들이 모두 상위에 올라 있어. 많은 사람들이 스마트폰을 통해 전투에 임하고, 매일 셀 수 없이 많이 죽고 살아나기를 반복하는 거지. 이런 죽음과 부활 사이에 게임에 임하는 플레이어들이 있어.

데니스 와스컬이란 학자는 우리가 게임을 할 때 세 가지 정

★ 게임 전문 리서치 서비스의 주간 종합 게임 순위 참고. (http://www.gametrics.com)

체성을 가지고 임한다고 주장했어. 이 '3P 이론'에 따르면 퍼슨(Person), 페르소나(Persona), 플레이어(player)는 모두 한 명의 사람이야. 하지만 퍼슨은 게임 밖 현실의 삶을 살아가는 나, 페르소나는 게임 세계에서 살아가는 나, 플레이어는 이 두 개의 정체성을 연결해 주는 나야. 분명 한 명의 '나'이지만 어디에 어떻게 속해 있는가에 따라 '나'의 존재를 구분할 수 있다는 거지.

"이건 게임이에요! 현실에선 안 그래요"라고 말하고 있다면 퍼슨과 페르소나를 잘 구분하고 있는 친구들이야. 현실에서는 널찍한 천을 펼치며 높은 곳에서 낙하하지 않고, 무면허로 카트를 타고 다니면서 바나나 껍질이나 폭탄을 뒤로 던지지 않는 퍼슨 친구들이지. 하지만 게임 속의 또 다른 자아인 페르소나를 직접적으로 조정하는 플레이어는 현실의 퍼슨과는 사뭇 다른 모습으로 등장하기도 해. 현실에서는 욕 한마디도 쓰지 않던 사람이 플레이어가 되는 순간 거친 말을 쏟아내는 페르소나로 변신하는 거야. 마치 그 세계에선 그래야만 하는 것처럼 말이야. 게임의 법칙과 무관하게 그 세계에서 거친 모습으로 변하는 것은 그 세계를 이루는 구성원의 특징일 수도 있고, 그 구성원들과 어울리기 위한 노력일 수도 있어. 바르고 고운 말을 쓰는 페르소나는 왠지 게임의 질서와 어울리지 않는다고 생각하는 거지.

그런데 조금만 더 생각해 보면 현실 속 싸움에서 사용되는 거친 말들이 가상 세계에도 비슷하게 반영된다는 걸 알 수 있어. 말뿐 아니라 현실 세계의 질서는 게임 세계 곳곳에도 존재해. 우선 전투에 임하는 남성과 여성의 캐릭터의 차이, 여성(공주)을 구하는 스토리는 친구들로 하여금 '남자라면'이라는 생각을 무의식적으로 학습하거나, 원래 알고 있던 것(생각)이 맞다는 확신을 줄 수 있어. 현실과 무관한 게임 속 세상이라고 하지만 게임 속의 세계관에서도 여전히 '남자라면'을 떠올리게 되거든. '남자라면' 누군가를 지키거나 싸움에 이길 만큼 강해야 한다는 생각은 현실 속에도 존재하잖아. 어릴 때 종종 들었던 "남자가"로 시작하는 말들을 떠올려 보면 좀 더 쉽게 이해가 될 거야.

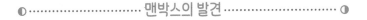

맨박스의 발견

이처럼 남성이 남성이라는 이유로 마치 어떠해야 한다는 생각들을 일컬어 '맨박스'라고 해. 미국의 교육자이자 사회운동가인 토니 포터(Tony Porter)에 의해 이름 붙여진 맨박스는 남성 위주의 사회에서 남자가 가지게 되는 생각들이야. 누군가를 책임진

다거나 지켜 줘야 한다는 생각, 어떤 일이 닥쳐도 의연하고 씩씩하게 견뎌야 한다는 생각, 남성이나 여성이 할 수 있는 일이 따로 있다는 생각 등등 일상의 언어와 습관에 맨박스는 아무렇지 않게 존재해.

어쩐지 남성들을 불편하게 만들 것만 같은 생각과 행동들이지만, 이는 남성을 주류로 하는 가부장적인 사회를 기반으로 생겨난 것들이야. 남성 위주의 사회에서 더 강하게 남성에게 요구하는 것이지. "남자는 씩씩해야 한다(무서워하면 안 된다)", "남자는 누군가를 지켜 줘야 한다"와 같은 현실의 룰이 잘 지켜지지 않으면 "에잇, 남자 새끼가…"와 같은 폭력적인 상황과 마주해야 할 수도 있어. 어쩐지 수긍하기 어려우면서도 오랫동안 남성의 강인함은 아주 당연한 것처럼 여겨져 왔지.

한 가지 더! 맨박스는 남성에 대한 기대뿐 아니라 여성을 바라보는 시각과도 관련이 있어. 남성을 위주로 한 사회에서 여성은 남성과 동등한 존재가 아니라 게임 속에서처럼 '지켜지거나 구해져야 하는' 대상이 되곤 해. 혹시 게임 속 많은 여성 전사들의 캐릭터가 왜 가슴과 엉덩이가 강조된 신체를 노출한 모습들이 많은지 의문을 품어 본 적이 있니? 이는 여성의 캐릭터가 남성 플레이어들이 보기 좋도록 대상화되었기 때문이야.

오늘날의 맨박스는 현실을 너머 게임 속에도 존재해. 게임과 현실을 넘나드는 우리는 이 과정에서 남자의 강인함이 당연한 것처럼, 여성이 구해지는 이야기가 당연한 것처럼 받아들이게 되는 거지.

남성의 강인함이 강조되는 게임들이 인기 있는 까닭은 우리 현실의 문제와도 무관하진 않아. 현실 속의 플레이어들이 당연하게 여기는 가치관이거나 환상이 게임 속에 그대로 담겨 있는 거야. 현실과 다른 공간인 듯하지만 그 공간을 유지하는 질서가 비슷해야 플레이어들은 당황하지 않고 게임에 임할 수 있을 테니 말이지. 마치 해리포터 속의 세계가 현실의 비글과는 무관한 마법사의 세계지만, 비글의 질서(먹고, 마시고, 싸우고, 화해하고, 사랑하는)와 무관하지 않아야 관객들이 공감하고 이해할 수 있는 것처럼 말이야.

게임이나 현실에서 남성은 강인함을 강요당하고 여성의 몸은 '보기 좋은 것'으로 그려지는 까닭도 바로 이 때문이지. 그래서 성별과는 무관하게 플레이어들은 그 질서들을 당연하게 수용하게 되는 거고. 하지만 최근엔 여성 캐릭터에 대한 성적 대상화를 반대하는 경향도 나타나고 있어. 성 역할의 고정을 깨는 캐릭터가 등장하는 게임이 출시되기도 하고, 노출이 없는 의상을 입은 캐릭터가 나오기도 하거든. 인기 있는 게임들에서 성 상품화를 줄이는 이런 모습은 매우 환영할 일이라고 생각해.

"에잇, 게임인데 너무 심각하게 생각하는 거 아니에요?"라고 묻는 친구들에겐 가상현실의 세계, 메타버스의 세상을 그린 영화 〈레디 플레이어 원〉을 권할게. 영화를 보면 게임 속 플레이어도 결국 현실을 이루는 사람이라는 점을 알게 되고, 게임과 현실을 이루는 많은 질서들을 섬세하게 바라볼 수 있을 거야.

그리고 하나 더! 세상엔 당연한 질서란 없다는 것 역시!

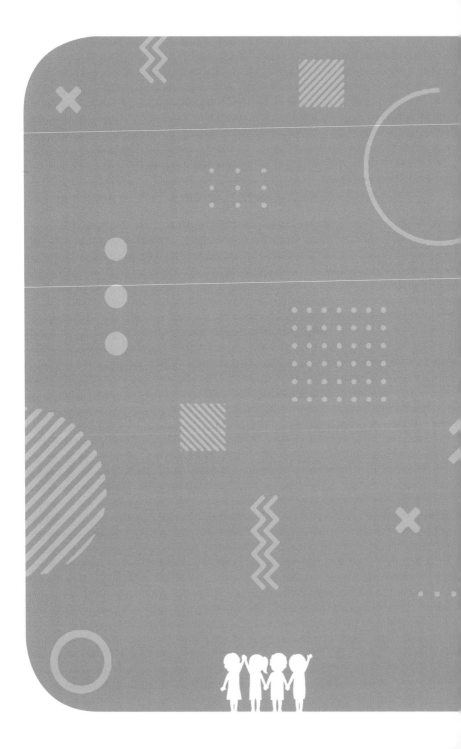

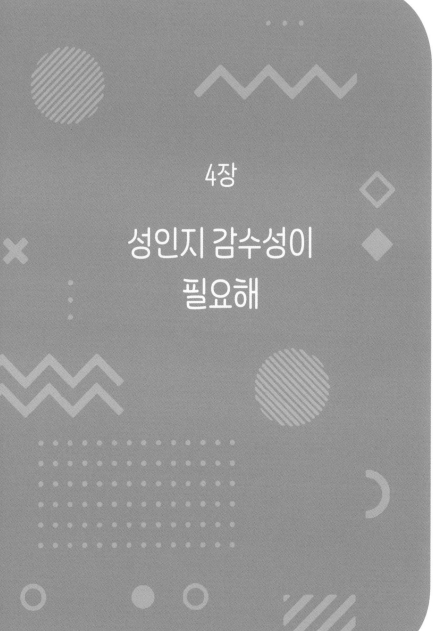

4장

성인지 감수성이
필요해

마음과 마음이 만나지 못할 때
데이트폭력

◇ ·················· 마음의 조각을 맞추는 사랑 ·················· ◇

우리의 일상은 사랑에 대한 이야기로 가득 차 있어. 하지만 그 사랑들이 언제나 성공(?)으로 이어지지는 않아. 어떤 사랑은 전해지지 못하고, 또 어떤 사랑은 시기가 어긋나고, 또 어떤 사랑은 아예 받아들여지지 않을 수도 있어. 그 슬픔은 노래가 되기도 하고, 영화가 되기도 하고, 소설이나 웹툰이 되기도 해. 또 우리는 웹툰 속 인물들의 마음이 엇갈리는 걸 안타까워하며 수호

파와 서준파(〈여신강림〉), 찬양이와 승하(〈소녀의 세계〉), 공주와 자림(〈연애혁명〉)이의 모습에 손가락을 오글거리며 댓글을 달고 이별의 슬픔이 가득 담긴 노래를 목청껏 부르기도 해.

슬프고 안타까워도 사랑 이야기를 흥미 있게 읽고 보고 노래할 수 있는 이유는 바로 그 이야기가 나와는 직접 상관없는 남의 이야기이기 때문이야. 하지만 그 이야기가 나의 이야기가 된다면 어떨까? 누군가를 좋아하게 되는 마음이 생긴다면, 혹은 그 마음이 전해지지 못해 안타깝다면, 내 마음을 상대방이 오해한다면, 또는 내 마음을 숨겨야 하는 상황이라면 등등 말이야. 미리 말해 두겠지만, 만약 그런 상황이 온다면 그동안 보아 온 사랑의 이야기는 아무런 도움이 되지 못할 거야. 또 어설프게 본 것들을 따라 한다면 그것 역시 별 도움이 되지 않을 거고 말이야.

누군가를 사랑하는 마음은 세상에 이미 나와 있는 물건이 아니어서 서로의 마음 조각을 맞추어 가야 하는 어려운 과정을 거쳐야 해. 그런데 놀랍게도, 이 어려운 사랑을 사람들은 기꺼이 오랫동안 이어 왔어. 그리고 사랑은 때때로 불가능을 가능하게 만들기도 했지. 죽음의 문턱에서 사랑의 힘으로 살아난 이들 혹은 죽음조차도 갈라놓지 못한 사랑의 이야기들도 많이 있잖

아. 하지만 사랑한다고 모든 게 가능한 것은 아니야. 사랑은 때때로 폭력의 가면을 쓸 수도 있어. 무슨 이야기냐고? 자, 이제부터 그 이야기를 시작해 볼게.

◇ ················· **사랑하기 때문에?: 데이트폭력** ················· ◇

혹시 데이트폭력이라는 말 들어 봤니? '한국여성의전화'라는 단체에서 낸 '데이트폭력 대응을 위한 안내서'에 따르면 데이트폭력은 데이트 관계(교제를 위해 만나는 관계)에서 발생하는 통제와 언어적·정서적·경제적·성적·신체적 폭력을 말해.

　　뉴스에서 종종 보도되는 전 연인과 연관된 살인, 협박, 상해, 스토킹 등의 사건들 대부분은 데이트폭력에 해당돼. 또 이런 폭력은 가정 폭력과 마찬가지로 한 번에 끝나지 않고 오랜 기간 반복적으로 이뤄지는 경우가 많아. 안타까운 건 때리고 나서(혹은 때리면서) '사랑하기 때문'이라고 말하는 가해자의 태도에 피해자들은 '때리는 거 하나만 빼면 참 괜찮은 사람'이라고 생각한다는 점이야. '때리는 거 하나'가 엄청난 문제 상황인데도 말이야.

　　참, 그리고 여기서 말하는 데이트 관계란 좁게는 연애를 목

통제		62.6%
누구와 있는지 항상 확인/옷차림 제한/일정 통제/휴대전화, SNS 자주 점검		

언어적·정서적·경제적		45.9%
소리 지르기/욕설/안 좋은 일이 있을 때 나를 탓함		

신체적		18.5%
팔목 등을 힘껏 움켜짐/세게 밀침/폭행을 가함		

성적		48.8%
나의 의사와 상관없이 스킨십/원하지 않는데 성관계 강요		

| 데이트 폭력의 국내 현황, <데이트폭력 실태조사>(출처: 한국여성의전화, 2016) |

적으로 만나고 있거나 만난 적이 있는 관계, 넓게는 소개팅, 채팅 등을 통해 발전 가능성을 인정하고 만나는 관계까지 모두 포함돼. 흔히 말하는 썸타는 사이도 데이트 관계가 될 수 있어.

그럼 얼마나 많은 폭력이 사랑이라는 이름으로 행해지는 지 맞혀 볼래? '에이, 그런 일들이 얼마나 자주 일어나겠어요?' 하는 마음이 들었다면 깜짝 놀랄 거야. 경찰청의 통계에 따르면 10일에 1명 정도가 연인에게서 살해당하는 여성의 숫자야.

2016년 9364건이었던 데이트폭력 신고 건수는 5년 사이 2배가량 증가했어. 2021년 7월까지 2만 4481건으로 상반기에 만 2020년 전체 신고 건수를 뛰어넘었다고 해. 그러니까 생각보다 아주 많은 사람이 사랑이라는 이름으로 폭력을 행하고, 또 견디고 있는 셈이야.

그럼, 죽이고 때리는 것만 폭력일까? 다음 문제를 한번 풀어 보길 바라.

Q. 다음 중 데이트폭력에 해당되지 않는 것은?
① 나 정도나 되니까 너 같은 애랑 사귄다며 무시한다.
② 매일 보고 싶다고 하며 다른 사람을 만나는 걸 싫어한다.
③ 다른 사람들이 보는 게 싫다며 옷차림에 대해 지적한다.

④ 이별을 통보하면 힘들다고 하면서 집 앞에 찾아와 화를 낸다.

⑤ 연인의 핸드폰을 수시로 검사하며 다른 이성과의 관계를 질투한다.

정답은? 그래, 없어. ①~⑤ 번까지 모든 게 다 데이트폭력이 될 수 있어. 나를 사랑해서 매일 보고 싶어 하는 것도, 이별이 슬퍼서 화를 통제하지 못하는 것도 폭력이야. 누군가를 통제하려 하고 위협하는 것도 당연히 폭력이야. '너무 사랑해서'와 같은 이유는 변명이 될 수 없다는 걸 기억했으면 좋겠어.

◇ ············ **폭력으로 빼앗긴 것 : 성적 자기 결정권** ············ ◇

데이트폭력이 문제인 이유는 성적 자기 결정권을 침해하기 때문이야. 시험을 보고 나오는 그 성적(成績)이 아니라 성적(性的)인 의미를 말해. 연인과 스킨십이나 키스, 성관계를 할 때도 상대방의 힘이나 강압적인 분위기에서가 아니라 스스로 결정할 수 있어야 해. 영화 속에서 도망가는 상대를 붙잡아 갑자기 포옹하거나 벽에 밀쳐서 키스하는 등의 장면은 낭만적인 게 아니라, 매우 폭력적인 장면이야. 그 순간에 상대방과 포옹을 할지,

키스를 할지를 결정한 것은 스스로가 아니라 상대방의 의사였기 때문이야.

이런 성적 자기 결정권은 연인(부부)사이에서 반드시 지켜야 할 예의야. 그런데 이런 것을 완전히 무시하는 경우가 있어. 데이트폭력과 마찬가지로 성희롱, 성추행, 강간(유사 강간) 등과 같은 성폭력 범죄들이 여기에 해당돼. 한국성폭력상담소의 2021년 통계 자료에 따르면, 성폭력 상담 전체 건수 537건 중에

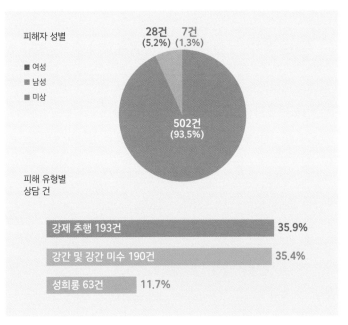

| 성폭력상담소 상담 현황 및 전체 통계(출처: 한국성폭력상담소, 2021) |

502건(93.5%)이 여성 피해자로 나타났는데, 개소 이래 비슷한 양상을 보이고 있대. 남성 피해자는 5.2%(28건)로 예년에 비해 약간 줄어들었고(2020년 6.1%), 피해 당시 청소년(19세~14세)이었던 여성의 비율(2020년 10.3% → 2021년 13%)과 피해 당시 어린이(13~18세)였던 여성의 비율(2020년 6.9% → 2021년 9.7%)은 늘어났다고 해. 피해 유형으로는 강제 추행(193건, 35.9%)이 가장 높고, 강간 피해, 성희롱 순이야. 아! 이건 피해 건수가 아니라 어디까지나 상담 건수라는 걸 기억해 줘.

◇ ··· 폭력을 폭력으로 보기: 피해자다움은 없다, 2차 가해 ·· ◇

한국여성의전화는 매년 〈분노의 게이지〉라는 보고서를 발표해. 이 보고서는 매년 1월부터 12월까지 언론에 보도된 사건을 분석해서 친밀한 관계의 남성에 의해 살해당한 여성의 숫자를 분석하는 보고서야. 22년 3월에도 〈2021년 분노의 게이지, 언론 보도를 통해 본 친밀한 관계의 남성에 의한 여성 살해 분석〉이라는 보고서를 발표했어. 이 자료에 의하면 지난해 남편이나 연인 등 친밀한 관계인 남성에게 살해된 여성은 최소 83명으로, 살인 미수 등으로 살아남은 여성도 최소 177명으로 집계됐어.

피해 여성의 자녀나 부모, 친구 등 주변인이 중상을 입거나 사망한 경우도 최소 59명에 달하며, 주변인의 피해까지 포함한 피해자 수는 최소 319명인 것으로 드러났어. 이는 평균 1.4일마다 1명의 여성이 친밀한 관계의 남성에게 피해를 입는 것으로, 주변인의 피해를 포함하면 1.1일마다 1명의 피해자가 발생하고 있는 셈이야.

하지만 이런 살해나 상해가 여성의 문제라고만 할 수는 없어. 성폭력(성희롱)은 성별과 무관하게 누구나 피해자가 될 수 있거든. 물론 여성 피해자들이 대부분이긴 하지만 남성 역시도 피해자가 될 수 있다는 걸 기억해야 해.

그런데 대부분의 피해자들은 신고를 꺼리거나 알려지길 두려워해. 더군다나 성폭력을 빌미로 또 다른 것들을 요구하거나 협박하는 경우들이 허다한데도 말이야. 이처럼 성폭력이 상해나 사기, 일반적인 폭행과 다른 까닭은 피해자에게 수치심을 불러일으킨다는 데 있어. 또한 사회의 시각이 피해자에게도 원인이 있을 거라며 책임을 묻기 때문이야.

오랫동안 지속될 수도 있고 느닷없이 찾아올 수도 있는 이 예측 불가의 폭력 앞에 사람들은 피해자에게 불쑥 이런 질문들을 던지곤 해. "(남자 새끼가) 어쩌다가 그랬니?", "왜 거기에 (왜 그

늦은 시간에) 갔니?", "무슨 옷을 입었니?" 등이 대표적이야. 언론
역시 성폭력 사건을 다루는 기사에서 '여중(고)생, 여종업원, 전
여친' 등 피해자의 신분을 노출하기 일쑤고, '늦은 밤, 음주, 동거'
등의 단어를 함께 사용함으로써 마치 피해자에게도 책임이 있다
는 식으로 보도하기도 해. 그렇다 보니 용기를 내서 피해 사실을
고발한 피해자들에게 "너도 좋아서", "알려지면 어쩌려고", "부끄
럽지도 않니?" 등의 댓글이 달리기도 하지.

　　물론 함께 분노하는 이들도 있지만, 가해자에게 가해자다
움의 반성을 요구하듯 피해자에게도 피해자다움을 요구하는
행동이나 말들을 너무 쉽게 하곤 해. 피해자는 보호받아야 할
대상이고, 피해자다움 따위는 있을 수 없는데도 말이야. 우린
기억해야 해. 사기, 강도, 상해, 폭행 등등의 범죄들과 마찬가지
로 성폭력도 폭력이야. 피해자가 숨겨야 할 일이 아니라, 가해
자가 법의 심판을 받아야 하는 범죄라는 걸 말이야.★

★ 성폭력(성희롱)을 당했을 때 도움 받을 수 있는 기관들
　한국여성의전화: 02-2263-6464,5 http://hotline.or.kr
　한국성폭력상담소: 02-338-5801 http://www.sisters.or.kr
　여성긴급전화: 1366
　서울해바라기 센터: 02-3672-0365 help0365.or.kr

◉ ② ○

비난과 비판의 말
혐오

◉ ················· 왜요? 그게 뭐 어때서요? ················· ○

'어쩔티비', '저쩔티비', '안물티비', '안궁티비'와 같은 말들을 해
보거나 들어 본 적이 있을 거야. 대체로 이런 말들은 상대방의
말에 불편함을 느꼈을 때나 더 이상 상대와 대화를 나누고 싶지
않을 때 사용해. 대화 도중 이런 말을 듣는다면 머쓱해지고 말
이 멈춰질 수 있어. 하지만 머쓱함도 잠시, 더 강력한 아무 말을
내뱉으며 상대의 말에 지지 않겠다는 의지를 보이기도 하지.

그런데 이 아무 말들이 정말 아무런 의미도 없는 걸까? 아니, 그렇진 않아. 완곡하게 표현하자면 '안 궁금하니까 그만 말해', '너랑 말 섞고 싶지 않거든'과 같은 의미를 전하는 말들이야.

이처럼 '아무 말'조차도 힘을 발휘해 의미를 전달하는데 하물며 특정 의미를 지닌 말들이 가진 힘이란 때론 상상을 초월하지. '말은 생각을 담는 그릇', '언어의 한계가 세계의 한계다'라는 말들이 있는 것처럼, 말은 사람들이 부대끼며 사는 세상과 무관하지 않아. 그래서 지금부터 말들에 담긴 차별과 편견의 세상에 대해 이야기해 보려고 해.

한두 번쯤은 무심코 뱉은 나의 말에 발끈하는 상대를 향해 "왜? 그게 뭐 어때서? 웃자고 한 말인데, 너무 예민한 거 아니야?"라고 반응한 적이 있을지도 모르겠어. 아무런 의도 없이 편하게 던진 말에 상대가 뜻밖의 반응을 보이면 당황스러울 수 있어. 하지만 '너가 너무 예민하다'라고 말해 버리면 듣는 사람에게 문제가 있다는 식이 되어 버려. 이처럼 듣는 상대를 탓하기 전에, 나의 '무심코' 던진 말에 혹시라도 어떤 의미가 담겨 있었는지 스스로 살펴보는 일도 필요하지 않을까? 우리 같이 한번 생각해 보도록 해.

'혐오'라는 말에 많은 사람들은 거부감을 가질 수 있어. 어감 자체도 다정하지 않은 이 단어의 사전적 의미는 '매우 싫어하고 미워한다'는 뜻이야. 살아가면서 무엇(누구)인가를 절대 미워하지도 싫어하지도 않는 건 거의 불가능에 가까워. 그럼, "도대체 혐오가 왜 문제인가요?"라는 또 다른 질문이 생길 수 있어. 하지만 이 혐오의 감정이 마음을 벗어나 겉으로 표현될 때 그 문제는 쉽게 드러나게 돼.

여기, 두 명의 외국인이 있어. 한 명의 부모는 미국 국적이고 다른 한 명의 부모는 콩고 국적이야. 이 두 학생은 한국에서 태어났고 한국 아이들과 함께 학교를 다니고 있어. 그런데 이 둘에게 누군가 "너희 나라로 가"라는 말을 했다고 치자. 이런 말을 한 누군가는 평소에 외국인에 대한 혐오의 감정을 가지고 있었어. 누구도 몰랐던 이 감정을 말로 뱉은 순간 표현이 되었고, 혐오 표현은 누군가에게 상처가 되었을 거야.

다시 질문! 그럼 둘 중에 누가 더 상처를 입었을까? 아마도 콩고 국적의 부모를 가진 학생이라고 생각하는 친구들이 많을 거야. 왜 그럴까? 추측컨대 콩고라는 나라 이름만으로 떠올린

피부색과 관련 있을 거야. 또 여러 배움을 통해 아프리카 대륙 출신의 많은 이들이 받아온 차별을 이미 알고 있고, 여전히 그 차별의 문제가 끝나기는커녕 꽤 지속될 것이라 생각하기 때문이겠지. 그리고 미국이라는 국가와 함께 생각났던 피부색이 콩고를 떠올렸을 때와 달랐다면, 국적에조차 가득한 우리의 편견을 되돌아보아야 해. 또한 피부색이 과거와 현재, 미래에 이르는 차별의 문제까지 영향을 미칠 수 있다는 생각도 함께 해 보았으면 좋겠어.

혐오 표현은 《말이 칼이 될 때》의 저자 홍상수 교수의 말처럼 특정한 대상이 오래도록 받아 온 차별의 과거와 오늘날의 현재, 앞으로의 미래와도 연결되어 있어. 그렇기 때문에 말의 대상이 되는 이들이 누구인지, 어떤 역사를 가졌는지, 어떤 상황에 놓여 있는지가 중요해.

자, 그럼 이제 우리 주변에 과거와 현재, 그리고 미래에도 차별이 예상되는 대상들에는 누가 있을까? 우선 떠오르는 대로 말해 보면 다문화 가정, 장애인, 성소수자, 여성, 어린이, 유색인 등이 해당될 거야. 하지만 이런 대상들 역시 어떤 상황에서, 누가 말하는가에 따라 표현이 주는 위협감은 아주 다를 수 있어.

국가인권위원회의 〈2016 인권상황 실태조사 연구보고서〉

(홍성수)에서 밝히고 있듯 혐오 표현이란 "소수자에 대한 편견 또는 차별을 확산시키거나 조장하는 행위 또는 어떤 개인, 집단에 대해 그들이 소수자로서의 속성을 가졌다는 이유로 멸시·모욕·위협하거나 그들에 대한 차별, 적의, 폭력을 선동하는 표현"이라고 밝히고 있어. 다시 말해 혐오 표현은 소수자에 대한 차별과 위협이 담겼다는 뜻이야. '단지 말만 했을 뿐인데 위협이라는 말은 지나치다'라고 생각할지도 모르겠어. 하지만 말이 사람을 죽일 수도 있다는 우리 옛말까지 끌어오지 않더라도 댓글로 인해 심리적 고통을 호소하다 결국 죽음을 선택한 유명인들의 뉴스를 떠올려 봐. 과연 말 한마디를 가볍게 생각해도 될 만한 것일까?

◉ ················ **사이버 렉카, 표현의 자유라고?** ··············· ○

혐오 표현의 문제점을 지적하면 어디선가 '표현의 자유'라는 말이 나타나. 어디까지나 표현은 자유니까 간섭하지 말라는 선언이고, 실제로 표현의 자유는 〈국제인권규약: 시민적·정치적 권리규약〉★의 내용이기도 해. 제19조 2항에 따르면 "모든 사람은

★ 외교부 사이트 자료 참고. (https://www.mofa.go.kr/www/wpge/m_3996/contents.do)

표현의 자유에 대한 권리를 가진다. 이 권리는 구두, 서면 또는 인쇄, 예술의 형태 또는 스스로 선택하는 기타의 방법을 통하여 국경에 관계없이 모든 종류의 정보와 사상을 추구하고 접수하며 전달하는 자유를 포함한다"라고 나와 있어. 모든 종류의 정보와 사상을 추구한다는 말에 근거해 혐오 표현도 괜찮은 것인지 이야기해 보려고 해.

도로에서 자동차끼리 부딪혀 사고가 나면 어디선가 삐용 삐용 소리를 내며 렉카들이 사고 현장으로 달려오는 장면을 본 적이 있을 거야. 가끔은 도대체 저 많은 렉카들이 어디에서 대기하고 있다가 또 어디에서 사고 소식을 접하고 이렇게나 빨리 오는 건지 놀랄 때도 있어.

그런데 이런 렉카가 교통사고 현장이 아니라 사이버상에도 있어. 그들을 사이버 렉카(Cyber Wrecker)라고 불러. 사고를 처리하러 오는 렉카들처럼, 이들의 처음은 복잡해 보이는 이슈들을 흥미 있고 빠르게 전달하려는 목적에서 시작되었을지도 몰라. 하지만 결과는 그렇지 않았어. '조회 수'와 '좋아요'를 위해 자극적인 제목을 달고 악의적인 편집과 잘못된 정보 전달로 특정 대상을 몰아가는 식의 방송을 했지. 그 결과, 대상이 된 이들을 혐오하게 만들었어. 그리고 그 대상에 페미니즘(페미니스트),

성소수자, 이주 노동자, 노인, 장애인 등이 종종 주인공으로 등
장한다는 사실도 이미 알고 있을지 모르겠다. 혐오의 대상이 된
이들이 극단적인 선택을 했다는 기사까지도 말이야.

유명 BJ의 죽음 뒤에 "그래도 되는 줄 알았어요. 욕먹어도
마땅한 줄 알았어요"와 같은 말들은 혐오가 얼마나 쉽게 사람들

사이에 스며들 수 있는지를 보여 줘. 또한 차별과 폭력의 말들이 사람을 수치심과 괴로움, 불안과 우울로 어떻게 몰아가는지를 알 수 있게 해. 신상이 털리는 것은 기본이고 가족에 대한 위협, 죽음을 부추기거나 요구하는 말들이 날카로운 칼이 되어 꽂히고 마는 거야. 사이버 렉카는 정보를 전달하는 게 아니라, 사람을 선동하고 대상을 혐오하게 만드는 범죄야.

꼭 사이버 렉카가 아니더라도 혐오 상황은 곳곳에 있어. 흔히 여성의 권리, 성별 임금 불균형, 여성 우대 정책, 육아와 가사 노동 등에 대한 기사들에 달린 댓글에서도 혐오 표현을 찾는 일은 어렵지 않아. 이런 혐오 표현이 가능한 것은 여성이 육아와 가사를 하는 것이 당연하다는 생각, 여성은 편한 일만 하고 남성은 힘든 일만 한다는 생각, 여성에 대한 사회적 차별은 없다는 생각 등이 깔려 있기 때문이야. 육아의 어려움을 이야기하면 징징대는 여성이 되고, 같은 직종인데도 성별에 따라 임금이 차이가 나는 걸 이야기하면 편하게 일하고 남자들과 같은 대우를 받으려는 양심 없는 사람으로 오해받기 십상이야. 더군다나 이런 혐오 표현들이 점점 과격해지고 특정 대상에 대한 공격으로 이어지기도 해. 표현이 폭력이 되는 순간이자 표현의 자유에 대해 다시 깊이 고민해 봐야 하는 순간이야.

국제 인권규약은 표현의 자유를 인정했지만, 제3항에 '2항의 권리 행사는 타인의 권리 또는 신용의 존중, 국가 안보 또는 공공질서 또는 공중보건 또는 도덕의 보호에 의해 제한 받을 수 있음'을 밝히고 있어. 지금, 우리의 말들이 누군가를 향한 칼이 되고 있는 건 아닌지 생각해 보았으면 좋겠어.

⊙ ················· 혐오 표현, 그럼에도! ················· ○

혐오 표현을 듣고 아무렇지 않을 사람은 없어. 혐오 표현은 분노, 불안과 같은 반응 이외에도 자책이나 수치심을 불러일으킬 수 있거든. 하지만 혐오 표현은 '표현'이라는 이유로 법적인 제재를 받지 않는 경우도 많아. 또한 처벌의 범위 안에 있다 하더라도 상대가 받은 상처와는 비교되지도 않을 가벼운 처벌로 끝나기도 해.

성별에 따라 혹은 직업이나 나이에 따른 혐오 표현의 대표적인 예들에는 각종 '충'들이 있어. 맘충, 페미충, 급식충, 수시충, 진지충, 한입충 등 이런 말들에 따르면 우리 사회는 벌레로 가득차 있다고 해도 과언이 아닐 지경이야. 그밖에도 노인, 어린이, 성소수자, 난민, 이주 노동자 등을 향한 혐오 표현은 우리 사회의 약자가 누구인지를 드러나게 해. 그럼에도 우리는 이 표현을 멈추게 할 뾰족한 방법을 아직 찾지 못하고 있어.

약자를 향한 혐오 표현은 스스로 강자(다수)라고 여기는 이들에 의해 무차별적으로, 그리고 반복적으로 행해지는 경우가 많아. 그러다 보니 혐오 표현에 상처를 받고 세상으로부터 숨어 버리거나 영영 목숨을 놓아 버리는 일들도 일어나. 2021년 한 해 동안 세상을 등진 유명인들의 죽음 뒤에서 혐오 표현을 찾는 일 역시 어렵지 않아. 특히 커밍아웃한 유명인에게 대중이 혐오의 표현을 서슴없이 쏟아내어 결국 극단적인 선택으로까지 이어진 사건들을 기억할 거야. 이들을 죽음으로 내몬 건 어쩌면 별생각 없이 던진 '더럽다'와 같은 '자유로운' 표현들이었을지도 몰라.

그러나 또 한편으론 여전히 힘겹게 삶을 이어가고 있는 이들을 살리는 것 역시 "당신을 응원합니다", "나쁜 말에 신경 쓰지 마세요" 등과 같은 위로의 말이야. 겨우 몇 글자, 몇 줄의 글일지 모르지만 큰 힘과 용기를 주는 말이지. 이젠 그 말들이 위로와 공감, 지지로 나타나 법을 바꾸고 사람의 마음을 바꿀 수 있었으면 해. 혐오의 말들이 그 힘을 잃을 수 있게 말이야.

혐오 표현에 더 이상 겁먹지 않을 수 있는 세상을 우리가 만들어 가야 해. "별거 아니야, 한번 듣고 말지 뭐" 하면서 침묵을 택하면 혐오 표현은 더욱 기가 살아 "거봐, 니들도 다 인정하는 거잖아!"라는 식이 될 거야. 그러니 우리 모두 침묵하지 말고 크게 목소리를 내면 좋겠어. 차별은 괜찮은 게 아니라고, 그 생각은 잘못된 거라고, 혐오의 대상이 될 수 있는 사람은 없다고 말이야!

□ ■ 3 □
함께 사는 삶의 기술
우리가 바라는 성 평등

국립현대미술관의 소장품 중에는 〈현모양처〉라는 제목의 그림이 있어. 1986년 김인순 화가의 작품인데 우선 제목만 보고 이미지를 상상해 보면 좋겠어. 참고로 현모양처의 뜻은 '현명한 어머니, 어진 부인'이야. 혹시 5만원 지폐가 먼저 떠올랐어도 자책하지 마. 그동안 우리나라에서 신사임당은 현모양처의 대명사처럼 언급되는 분이니까. 그녀는 작가이자 화가로, 문학사와

미술사에서 기억해야 하는 부분이 많은데도 늘 한 가정의 어머니나 아내의 역할로 소환되는 여성 중 한 명이야. 그럼 1980년대의 현모양처는 어떤 모습이었을까? 시대마다 현모양처가 어떤 모습이었을지 궁금해지네.

소개해 주고 싶은 그림이 있는데, 사실 난 이 그림보다 그림을 보는 사람들의 태도에 더 많은 관심이 갔었어. 미술관 문이 닫히기까지 얼마 남지 않은 늦은 시간이었는데도 나뿐 아니라 관람객들이 꽤 있었고, 사람들은 이 그림 앞에서 갑자기 말이 많아졌거든. 전시실을 채운 다른 그림들은 쓱쓱 지나쳐 갔으면서 유독 이 그림 앞에 멈춰 서서는 쑥덕쑥덕 이야기하기 시작했어. 어떤 그림이었는지 무척 궁금하지? QR 코드를 찍으면 국립현대미술관에 전시 중인 그림을 볼 수 있어.

우선 이 그림은 남성과 여성이 모두 벗고 있어. 남성은 양다리를 벌려 자신의 성기를 자랑스럽게 노출한 채 나무 의자에 앉아 있지. 그의 손에는 신문 조각으로 만든 칼처럼 날카로운 도구가 들려 있는데, 그는 익숙한 듯 그것을 들고 팔을 휘두르려는 참이야. 그 아래엔 무릎을 꿇은 여성이 남성의 발을 닦아 주고 있어. 제목에서 우리는 그 남성이 남편, 여성이 아내라는 걸 쉽게 눈치 챌 수 있지. 벗은 몸의 여성은 학사모를 쓰고 앞치마를 두르고 몸을 동그랗게 말아 겸손한 자세로 고개를 숙인 채 있어. 그런데 말이야, 여성의 뒤로 보이는 그림자에는 폭력을 휘두르는 남성과 그것을 피하려는 듯 몸을 웅크린 여성의 몸이 보여. 자, 어때? 그림이 보여 주는 장면이 상상이 되니?

이 그림은 추상화나 그림 속 도식을 이해해야 하는 다른 작품들과 달리 누구나 직관적으로 작품의 의미를 이해할 수 있어. 성별 불평등이라는 주제를 한 장면으로 강렬하게 전달하고 있지. 이 그림 앞에 누군가는 불편한 듯 서 있고, 또 누군가는 공감하며 말을 잃고, 또 누군가는 작품 속 여성에게 연민을 느끼고, 또 누군가는 "그래도 지금은 달라졌어"라며 위안하기도 해. 그림 앞에 선 사람들의 쑥덕거림의 대부분은 "아! 대학 나온 여자", "그땐 가정학과가 최고 인기였어", "어머, 저거 봐. 남편이 때리려고 해" 등이었어. 1980년대 인기 학과였던 가정학과를 나온 대졸자 여성이 남편의 폭력 앞에 숨을 죽여야 했던 장면은 여성의 발언권이 허용되지 않는 '양처'의 모습이야. 당시엔 배울 만큼 배우고 알 만큼 알고 있어도 남성의 권위 앞에 여성은 자신이 아는 것을 말하면 안 되었던 거야.

그럼 지금 우리 사회는 성 평등이 이루어졌을까? 이 질문에 대한 대답은 사람마다 아주 다를 거야. 왜냐하면 평등은 어디까지나 자신이 경험한 세계가 기준이 될 수밖에 없기 때문이야. 자신이 살아오며 누굴 만나고 무엇을 보고 어떻게 경험했는가에 따라 '평등하다'의 의미와 기준이 정해질 테니까 말이지. 바로 이 때문에 어떤 이들은 우리 사회가 이미 평등한 구조를 가지고 있다고 말하기도 해. 이미 우리 사회에선 남녀가 평등하게 교육을 받으며, 같은 입시 전형을 통해 대학에 입학하고 취업을 하며 임금을 받는다는 걸 그 근거로 제시하면서 말이야.

하지만 어떤 이들은 전혀 그렇지 않다고 주장할 수도 있어. 여성은 남성에 비해 정규직 비율이 적고 임금에도 격차가 있으며, 정치나 경제 분야에서 높은 자리에 오르는 비율의 차이 등을 그 근거로 제시할 수 있겠지. 마치 빈곤의 문제를 개인의 노력이 부족하다고 보는 입장과 가난한 이들이 더 가난할 수밖에 없는 구조적 문제로 바라보는 입장의 차이와 비슷해. 그러니 우리 사회가 성별을 기준으로 '평등하다' 혹은 '그렇지 않다'의 주장은 두 개의 직선이 평행하게 놓인 상태라고 할 만해. 그렇다면 현대 이 시점에서는 '성 평등'에 관한 이야기가 의미 없는 걸까?

⊡ ························· 목소리를 높여서 ························· ☐

잘 알고 있겠지만 호모 사피엔스(생각하는 인간)에 해당하는 인류
는 말을 하고 글을 쓰면서 발전해 왔어. 말과 글은 사람의 생각
을 바꾸게 하는 힘이 있지. 하지만 생각만으로는 부족해지는 일
들이 생기자 인간은 규칙과 법을 만들었어. 그렇게 만들어진 법
이 사람들의 행동을 제한하고, 또 생각을 바뀌게 하지.

지금은 당연한 일들이 과거에 당연하지 않은 것은 법의 문
제와도 무관하지 않아. 대표적으로는 여성의 참정권과 같은 문
제지. 민주주의와 아주 인연이 깊어 보이는 프랑스(1944년), 영
국(1918년), 미국(1920년) 등과 같은 나라에서 여성의 참정권 투
쟁은 길고 긴 역사를 가지고 있어. 사우디아라비아의 경우에는
2015년에야 겨우 여성이 참정권을 얻을 수 있었어. 이런 투쟁의
역사에서 여성이 바꾼 건 사람들의 '생각'뿐이 아니라 '법'이었
다는 점을 기억해 주었음 해. 법이 오랫동안 억압해 온 여성의
정치적 의사 결정권을 새로운 법으로 해결한 게 바로 참정권과
관련된 투쟁이야.

하지만 만약 그 투쟁이 우아한 드레스를 입고 집 안에 모인 사람들끼리만 소곤소곤 이루어졌다면 어떠했을까? 아마, 아무 일도 일어나지 않았을 거야. 그녀들이 드레스를 입은 채 거리로 나와 시위를 벌이고 문제가 있다는 것을 떠들었을 때 그제서야 세상이 달라졌어.

참고로 우리나라의 경우 1946년 12월 선거에 여성은 참여할 수 없었어. 그때만 해도 '만 20세가 넘는 세대주'에게만 선거권을 주었거든. 이때의 세대주는 모두 남자였으니 여성의 선거 참여는 불가했지. 그러다 1948년 3월 17일에 1대 국회의원 선거를 위해 법이 만들어졌고, 이때 여성에게도 남성과 똑같이 선거권과 선거에 출마할 자격(피선거권)이 주어졌어.

▣ ·········· **아버지의 품을 떠나서: 호주제의 폐지** ·········· □

우리나라 참정권 역사에서도 알 수 있듯, 이전엔 가족을 대표하는 세대주는 모두 '남성'이었어. 이와 관련한 가족 제도를 '호주제'라고 불러. 지금은 사라지고 없지만, 과거엔 호주(戶主)를 중심으로 그 집에 속하는 가족 구성원들의 출생, 혼인, 사망 등의 신분 변동을 기록하는 제도가 있었어. 2008년부터는 가족관계

등록부가 이를 대신하고 있지.

그럼 호주가 뭔지 궁금해지지? 호주(戶主), 한자로는 '한 집안의 주인으로 가족을 부양하고 거느릴 책임이 있는 자'라는 의미야. 그러니까 호주는 법이 정해준 집안의 대표야. 호주가 될 수 있는 순위도 법적으로 정해져 있었는데, '아버지 〉 아들 〉 결혼하지 않은 딸 〉 아내 〉 어머니 〉 며느리' 순이었어. 하지만 이 제도는 다양한 가족의 모습을 제한한다는 점 이외에도 현실적인 문제들이 많았어. 예를 들어 친아버지만이 호주가 될 수 있어서 이혼 가정의 자녀들은 친부의 동의 없이는 여권 발급이나 은행 거래도 쉽게 할 수 없었지. 또한 생부, 생모의 자녀로 구성된 가족만 정상 가족으로 인정받을 수 있어서 입양 가정이나 재혼 가정은 법으로 보호받지 못해서 감수해야 할 불편함이 많았어.

여성의 경우에는 결혼을 통해 호주가 아버지에서 남편으로 이동되었어. 그러니까 여성은 결혼하면 가족이 달라지는 거야. 결혼한 여성을 출가외인(出嫁外人, 시집간 딸은 친정 사람이 아니고 남이나 마찬가지라는 뜻으로 이르는 말)이라 부를 수 있었던 것도 결혼이 기존 가족과의 단절을 법적으로 확인해 주기 때문이었어. 또한 여성이 결혼한 남편의 부모님에게 시어머니, 시아버지라고 부르는 것은 새로운 가족으로 그들 속에 들어갔음을 의미했지. 하지만 남성은 결혼하면 여성의 부모님에게 장인어른, 장모님이라 부르며 가족이 아닌 큰 어른으로 삼는 까닭 역시 그들과는 법적으로 가족 관계가 아니라는 의미였던 거지. 이처럼 법은 일상의 호칭에도 영향을 미치며 이러한 차별이 당연하다는 생각들을 만들어 왔어.

이 호주제가 아버지에서 아들로 이어지게 되면서 남성들은 원했든 그렇지 않든 가족을 책임져야 한다는 압박과 동시에 대표자라는 권위를 얻을 수 있었어. 흔히 말하는 가부장제에는 이런 법적 뒷받침이 있었던 거야.

하지만 현재 대한민국에서 이런 제도는 사라졌어. 각각의 사람은 한 명의 호주에게 속한 대상이 아니라, 각 개인으로서 존재해. 호적 대신 기본증명서가 각 개인을 확인시켜 주는 법적 증거가 되었어. 부부가 혼인 시 합의하면 자녀는 어머니의 성씨를 쓸 수 있고, 혹 이미 정해진 성씨도 부부의 이혼과 재혼 등으로 자녀의 복리를 위해 성과 본을 변경할 필요가 있을 땐 가정법원의 허가를 받아 변경할 수 있게 되었지. 또한 여성의 본적지를 결혼 후 남편의 본적지로 바꾸어 오던 관행도 사라졌어.

이런 변화가 가능해진 것은 1952년 우리나라 최초의 여성 법률
가인 이태영 변호사가 호주제에 대한 위헌 심판과 헌법 소원을
통해 남녀차별적인 호주제 폐지를 처음 공론화했기 때문이야.
안타깝게도 이태영 변호사는 호주제 폐지를 보지 못한 채 1998
년에 세상을 떠나고 말았어. 하지만 그 이후에 '호주제폐지운동
본부'(1999년)가 생겨났고 그 다음해에는 113개의 여성 단체가

연대하여 '호주제 폐지를 위한 시민 연대'가 발족되면서 꾸준히 이 문제를 해결하기 위해 노력해 왔어. 백만 여성의 서명운동이나 수기 공모 등을 통해 호주제의 문제점을 꾸준하게 제기해 왔던 거지. 마침내 2005년 3월 2일 오후 5시, 국회의사당에서는 호주제 폐지를 골자로 한 민법 개정안이 본회의를 통과하면서 우리나라에서 호주제는 사라졌어.

이런 변화를 가능하게 한 힘은 문제를 제기하고 그 문제를 해결하기 위해 싸우고 갈등하는 과정을 두려워하지 않았다는 데 있어. 지금은 호주제라는 게 오히려 어색하고 낯설어 보이지만 당시에는 호주제 폐지에 반대하는 여론도 많았거든. 호주제 폐지를 반대하는 정통가족수호 범국민연합에서는 "호주제가 없으면 한국 인구 상당수가 쌍놈!", "온 나라가 콩가루 집안이 되고 우리 민족이 개돼지와 다름없이 되는 꼴을 못 보겠다!" 등의 말을 했을 뿐 아니라, 호주제 폐지가 북한의 이념이라는 비판까지도 있었다면 믿을 수 있겠니?

우리 사회는 여전히 해결해야 할 많은 갈등을 안고 있어. 아주 사소한 일들에서조차 사람들의 마음이 엇갈리고 이익의 문제가 달라지는 일은 비일비재해. 그런데 갈등이 없는 사회는 존재하지 않아. 아니, 갈등이 없는 사회가 좋은 사회라고 할 수는 없어. 갈등이 터져 나오고 표현될 수 있는 사회가 더 좋은 사회인 거지. 갈등을 겪고 그 갈등을 해결하는 과정이 쉽지 않다고 해서 외면해서는 안 돼. 그러니 불편하고 속상하고 이해되지 않는 문제들에 대해 함께 이야기하는 일부터 시작해 보았으면 해. 물론 그 이야기에 귀 기울이는 노력과 더불어서 잘못된 것이 있다면 바꾸려는 시도와 노력도 필요하고 말이야!

너와, 나, 우리를 위한
젠더 감수성

만약 외계인이 있다면, 그리고 그 외계인이 우리 옆집에 살고 있다면 어떨까?

정소연의 소설 《옆집의 영희 씨》는 바로 이런 상상에서 출발해. 옆집에 외계인이 산다는 게 무슨 큰 하자라도 되는 듯 집세마저 저렴하지만 옆집의 외계인을 대하는 지구인의 태도는 이런 식이야. "옆집에 그게 산다고? 무섭지 않아?", "너도 참 간도 크다." 외계인이 실제로 지구인을 해친다거나 소음을 유발해 지구인의 생활을 방해하는 것도 아닌데 말이야! 이런 설정은 우리가 낯선 것에 대해 얼마나 경계하는지를 보여 주고, 얼마나 근거 없이 적대감을 가지는지도 알게 해 줘.

지금까지 우리가 이야기했던 젠더, 페미니즘, 성 역할, 성차별과 같은 말들이 어쩌면 모두 낯설지도 몰라. 그래서 불편하고 기분 나쁘고 종종 이해가 되지 않는 부분이 있을지도 모르겠어. 하지만 이 낯선 것에 대해 조금 더 관심을 갖고 알기 위해 노력하면 좋겠어. 옆집의 외계인을 편견 없이 바라 본 소설 속 수정처럼 말이야. 그 외계인이 영희 씨 같은 아주 흔한 우리 이웃의 이름을 가지고 있다는 점 또한 기억해 주었으면 해.

그런 점에서 이 책에서 나눈 이야기들은 잘 알지 못해 낯설었던 세상을 조금이라도 쉽게 이해하길 바라는 마음을 담고 있어. 물론 지금까지 나눈 젠더 감수성에 대한 이야기들은 이 낯선 세상의 아주, 아주, 아주 일부의 이야기일 뿐이고, 이제부터 더 많이 알아가길 바라는 마음이야.

어쩌면 너와 나, 그리고 우리가 더불어 살기 위해 필요한 젠더 감수성을 알아가는 과정이 쉽지 않을 수도 있어. 오랫동안 '맞다'라고 믿었던 것들에 의심을 품어야 할 때도 있고, 생각이 다른 사람들과 깊이 있는 이야기를 나눠야 할 때도 있을 거야. 그러면서 어쩌면 갈등하고 오해하고 싸움하게 될지도 몰라. 하지만 생각의 다름을 이야기하고, 그 다름에 대해 논의하고 고쳐나갈 수 있다면 갈등을 두려워하지 않아도 돼. 그런 갈등이 세상

을 조금씩 더 나은 방향으로 이끌어 왔다는 걸 기억해. 마지막으로 이런 논의들이 결국은 자신의 삶을, 나다움을 찾아가는 과정이라는 점 또한 기억하고 말이야. 책을 덮는 지금, 그동안 몰랐던 세상에 한 발자국 들여 놓은 나 자신을 칭찬하고 격려해 주길 바라.

무심해서 몰랐던 세상에
예민하지 못해 느끼지 못했던 세상에
혼자가 아닌 너와 내가 함께 만들어 가는 세상에
찾아온 너를 환영해!

사회 쯤 아는 십대 16

젠더 쯤 아는 10대
너, 나, 우리를 위한 젠더 감수성 이야기

초판 1쇄 인쇄 2022년 8월 10일
초판 1쇄 발행 2022년 8월 25일

지은이 정수임
그린이 웰시

펴낸이 홍석
이사 홍성우
인문편집팀장 박월
편집 박주혜
디자인 신병근
마케팅 이송희·한유리·이민재
관리 최우리·김정선·정원경·홍보람·조영행·김지혜

펴낸곳 도서출판 풀빛
등록 1979년 3월 6일 제2021-000055호
주소 07547 서울시 강서구 양천로 583, 우림블루나인 A동 21층 2110호
전화 02-363-5995(영업), 02-364-0844(편집)
팩스 070-4275-0445
홈페이지 www.pulbit.co.kr
전자우편 inmun@pulbit.co.kr

ISBN 979-11-6172-847-6 44300
　　　 979-11-6172-731-8 44080(세트)

이 책은 저작권법에 따라 보호받는 저작물이므로 무단 전재와 복제를 금지하며,
이 책 내용의 전부 또는 일부를 이용하려면
반드시 저작권자와 도서출판 풀빛의서면 동의를 받아야 합니다.

• 책값은 뒤표지에 표시되어 있습니다.
• 파본이나 잘못된 책은 구입하신 곳에서 바꿔드립니다.